Berliner und Brandenburgische Hausküche

Die schönsten Rezepte

Klaus-Jürgen Boldt

Berliner und Brandenburgische Hausküche

Die schönsten Rezepte

BuchVerlag
für die Frau

ISBN 3-932720-85-7

Fotos: Christiane Trabert, Berlin,
Grit Hentschel (S. 13, 21, 25, 39, 69, 87);
PUNCTUM (S. 8, 22, 32, 37, 45, 49, 55, 75, 84, 89)
Typografie, Einbandgestaltung und Satz:
Lore Jacobi, Jesewitz
Redaktion: Christine Senf
Reproduktion: Repro Schneider, Leipzig
Gesamtherstellung: Salzland Druck GmbH & Co. KG, Staßfurt

Printed in Germany

Die Speisen für dieses Buch wurden gekocht, zubereitet und angerichtet in den Räumen der Fritzlar & Boldt Catering-Dienstleistungs GmbH.

Unser Dank gilt den Firmen und Unternehmen für die Bereitstellung

von Obst, Gemüse, Kartoffeln und Küchenkräutern
der Firma Otto Weihe
Obst- und Gemüse-Fruchthof,
Beusselstraße 44 N-Q, Fruchthof, 10533 Berlin

für Milch, Käse, Sahne und Milchprodukte der
EMZETT Hotel- und Gaststättenservice GmbH,
Bergiusstraße 55, 12057 Berlin

für Fleisch-, Geflügel-, Wurst- und Schinkenerzeugnisse
der Firma Recke,
Fleisch- und Wurstspezialitäten,
Westhafenstraße 1, 13353 Berlin

für die Bereitstellung des Anrichtgeschirrs
der KPM - Königliche Porzellan Manufaktur Berlin,
Wegelystraße 1, 10623 Berlin

Wir danken der Firma Fritzlar & Boldt Catering-Dienstleistungs GmbH, deren Mitarbeitern, für alle anderen nicht genannten Dienst- und Zubereitungsleistungen und Silke Pringal für die Erstellung des Skripts.

Inhalt

Vorspeisen

Eintöpfe und Suppen

Fisch- und Zwischengerichte

Das Schlachtfleisch

Geflügel- und Wildgerichte

Berliner und Brandenburger Süßspeisen

Die besten Hausrezepte aus der Berliner und Brandenburgischen Küche

Viel ist schon über die Berliner Küche geschrieben worden, in der fremde Einflüsse eine große Rolle spielten. Die Bevölkerung Berlins ist seit Jahrhunderten aus verschiedenen Himmelsrichtungen zusammengeströmt, aus den umgebenden Marken, aus Pommern, aus West- und Ostpreußen, aus Schlesien, Sachsen, dem Rheinland oder der Pfalz. Auch Böhmen, Polen, Wallonen, Holländer und Schweizer blieben an der Spree. Beispielsweise führten im 17. Jahrhundert die aus Glaubensgründen emigrierten Hugenotten aus Frankreich die feinen Gemüsesorten in Preußen ein. Nun bereicherten Blumenkohl, Spargel, grüne Erbsen und Bohnen, Gurken und Salate den Speisezettel der Berliner, die bisher lediglich Kohl und Rüben als Beilage kannten. Wobei die berühmte Zuchtform der weißen Rübe, die „Teltower Rübchen", von jeher als Gemüsedelikatesse galt. Ihr Gedeihen, u. a. den typischen Kleinwuchs und guten Geschmack, verdankt sie dem kargen sandigen Boden der Mark. So bestimmten die jeweiligen landwirtschaftlichen Erzeugnisse einer Region die Vielfalt und Eigenheiten der landschaftsgebundenen Küche.

Zur Versorgung der Berliner dienten einst größtenteils die Erzeugnisse der Mark Brandenburg, Pommerns und Mecklenburgs, z. B. Obst und Gemüse aus Werder, Gurken und Zwiebeln aus dem Spreewald, Spargel aus Beelitz, das Federvieh – besonders Gänse – aus dem Oderbruch und Getreide aus der Uckermark, Wild aus den ausgedehnten Wäldern sowie Fisch aus zahlreichen Seen, Teichen und Flüssen. Dabei fallen einem gleich als typische Berliner Gerichte „Aal jrün mit Jurkensalat" oder "Havelkrebse in Dill" ein.

Zur kulinarischen Berlin-Geschichte gehören auch andere sehr bekannte Gerichte, wie Löffelerbsen mit Schweinsohr, Kasseler Rippenspeer, Eisbein mit Sauerkraut. Und aus der Kneipe an der Ecke ist der „Hungerturm" auf der Theke bestens vertraut, ein Glasschrank –

bestückt mit Buletten, Sülzkoteletts, Soleiern, halben Schrippen mit Hackepeter oder Harzer Käse.

Trotz der heutigen Vielfalt an Restaurants, vom Gourmettempel für Feinschmecker bis zu Nationalitätengaststätten mit ausländischer Küche aller Art, ist eine Rückbesinnung auf das Alte wieder spürbar. Lokalitäten im Alt-Berliner Flair mit einer schmackhaften, deftig-kräftigen Küche erfreuen sich nach wie vor großer Beliebtheit – auch bedingt durch die Verarbeitung von stets frischen Produkten aus dem Berliner Umland, die jederzeit von Bauern, Gemüse-, Fleisch- und Fischhändlern auf Märkten angeboten werden. Diese Frische und Vielfalt, verbunden mit phantasievoller, kreativer Zubereitungsart, sind Voraussetzung für die Harmonie der guten Küche.

Die Rezepte dieses Buches stellen eine Mischung aus deftiger Hausmannskost und gutbürgerlicher „feiner" Küche dar, deren Gerichte vor allem an Festtagen auf den Tisch kamen. Bei der Auswahl war mir eine alte handgeschriebene Rezeptzettel-Sammlung aus der Familie meiner Frau sehr hilfreich, übrigens alle seit Generationen waschechte Berliner.

Für die Zubereitung der meisten Gerichte gibt es keine strengen Regeln, die Arbeitsanleitungen sind denen moderner Kochbücher angeglichen. Auch wurden Grundsätze gesunder und kalorienbewußter Ernährung berücksichtigt. Es ist also ein Verbund alter Traditionen mit den Erkenntnissen moderner Kochkunst.

Alle Rezepte sind, wenn nicht anders angegeben, für 4 Personen berechnet.

Bleibt nur zu hoffen, daß dieses Buch dazu beitragen wird, daß die Kochkunst der älteren Generation nicht in Vergessenheit gerät und neue Anhänger findet. Vielleicht gerade für jüngere Leser ein Äquivalent zu Fastfood oder Currywurst von der Imbißbude.

Mich würde es freuen, wenn Sie durch die vorliegenden Rezepte auf den Geschmack kämen und viele ausprobierten.

Dazu wünsche ich Ihnen gutes Gelingen, viel Spaß und „Guten Appetit!"

Vorspeisen

Havelländische Spargelsülze auf feinem Rahmdressing mit Kresse

Je 750 g weißer und grüner Spargel,
6-8 Blatt Gelatine, etwas Zucker,
Salz, Saft von 1/2 Zitrone,
1/4 l trockener Weißwein
Für das Dressing:
1/4 l Schmand oder Crème fraîche,
2 EL Mayonnaise,
2-4 EL Spargelfond,
einige Spritzer Tabasco, 1 EL Zucker,
Salz, weißer Pfeffer aus der Mühle,
je 1 TL gehackte Petersilie,
Kerbel und Basilikum,
1 Schachtel Kressekeime,
Tomate und Kresse zum Garnieren

Spargel gut waschen, gründlich schälen, je Sorte bündeln und getrennt in kochendem Salzwasser ca. 8-12 Minuten garen. Herausnehmen und im Eiswasser abschrecken, auf einem Küchentuch abtropfen lassen.
1 l Spargelfond (halb hellen, halb grünen Fond) nochmals zum Kochen bringen, die eingeweichte Gelatine darin auflösen, alles kräftig abschmecken. Auf Zimmertemperatur abkühlen und zum Schluß Wein zugeben.
Eine Form mit etwas Spargel-Wein-Gelee ausgießen und leicht erstarren lassen. Schichtweise hellen und grünen Spargel einlegen, jede Schicht dabei mit Geleefond begießen und erstarren lassen. Diesen Vorgang mehrmals wiederholen bis die Form gefüllt ist. In den Kühlschrank stellen.
Schmand, Mayonnaise, 2 EL Fond, Zucker und Gewürze gut mischen, abschmekken, Kräuter und Kresse unterheben. Dressing als Spiegel auf Teller gießen, Spargelsülze in Scheiben oder Ecken schneiden, an dieses Dressing anlegen. Mit Tomate und Kresse garnieren.
Dazu den Weißwein reichen, mit welchem der Fond zubereitet wurde.

Havelaalfilet in Weingelee

600 g frischer Aal
(im Fischgeschäft abziehen und ausnehmen lassen),
1 kleine Zwiebel,
$^1/_2$ TL abgeriebene Zitronenschale,
1 Lorbeerblatt,
4 zerdrückte Wacholderbeeren,
2-4 Pimentkörner,
einige Dill- und Petersilienstengel,
Salz, $^1/_2$ TL. Zucker,
6-8 Blatt weiße Gelatine,
$^1/_4$ l trockener Weißwein,
2 hartgekochte Eier,
Dill, Petersilie, Kopfsalatherzen und Partytomaten zum Garnieren

Aal in 5-7 cm Stücke schneiden und waschen. $^1/_2$ l Wasser zusammen mit der Zwiebel, der abgeriebenen Zitronenschale, den Gewürzen, Dill- und Petersilienstengel, Salz sowie Zucker zum Kochen bringen. Die Aalstücke einlegen, 2-4 Minuten kochen, ca. 20 Minuten abgedeckt ziehen und dann im Fond erkalten lassen.
Aalstücke herausnehmen und Mittelgräte entfernen. Den Fond zum Kochen bringen, eingeweichte Gelatine darin auflösen, erkalten lassen, passieren (am besten durch ein Tuch) und 1:1 mit Weißwein mischen, abschmecken.

Kalte Glasschüssel oder eine andere Form mit dem fast erstarrten Gelee ausschwenken und kalt stellen. Die Aalfiletstücke einlegen, mit Eischeiben und Kräutern belegen, mit Geleefond aufgießen und im Kühlschrank erstarren lassen. Vor dem Servieren stürzen und garnieren.
Dazu Vollkorntoast reichen und zur Vollendung einen Aquavit oder einen eisgekühlten Korn.

Beelitzer Stangenspargel in Dill-Tomaten-Vinaigrette

1,5 kg weißer oder violetter Spargel,
1 Zitrone (unbehandelt),
Zucker, Salz,
2-3 EL Apfelweinessig,
7 EL kaltgepreßtes Öl,
1 hartgekochtes Eiweiß,
je 1 TL gehackte Petersilie,
Dill und Kerbel,
1 Tomate (enthäutet, ohne Kerne),
Salz, weißer Pfeffer,
Zucker

Den Spargel gut schälen, waschen, bündeln, in gesäuertem kochendem Wasser 5-8 Minuten kochen. Saft von $^1/_2$ Zitrone, die andere Zitronenhälfte in Scheiben

geschnitten, Zucker und Salz zugeben. Den Spargel garziehen lassen, aus dem Fond nehmen, in Eiswasser abschrecken, auf Küchenkrepp legen und abtrocknen lassen.
Aus Apfelweinessig, Öl, Eiweiß- und Tomatenwürfeln, Kräutern, Salz, weißem Pfeffer und wenig Zucker die Vinaigrette bereiten, nach Belieben 2-3 Stunden kühl stellen.
Mit hellen oder dunklen Brotstangen und einem trockenen Weißwein servieren.

Spargelmousse mit gekochten Schinkenstreifen

500 g weißer Stangenspargel,
200 g grüner Spargel, Salz,
20 g Butter,
20 g Mehl, Salz,
etwas weißer Pfeffer aus der Mühle,
4 cl trockener Weißwein,
5-6 Blatt helle Gelatine,
150 ml Schlagsahne,
150 g gekochter Schinken,
1 EL grüner Pfeffer

Spargel schälen, bündeln und fast gar kochen. Je 1/4 des Spargels für Einlage wegstellen, den Rest pürieren und durch ein Sieb streichen. Butter zerlaufen lassen, Mehl einstäuben und anschwitzen, mit 1/4 l heißen Spargelfond auffüllen, glattrühren und ca. 10 Minuten kochen, mit Salz, weißem Pfeffer und dem Weißwein abschmecken. Die aufgelöste Gelatine zugeben. Auskühlen lassen, geschlagene Sahne, Spargelstücke (Spitzen als Garnitur verwenden), Schinkenstreifen und grünen Pfeffer unterheben. In eine beliebige Form füllen und im Kühlschrank fest werden lassen, stürzen, auf einem Teller anrichten und mit den Spargelspitzen garnieren.
Etwas Rucola, Baguettebrot und trockener Weißwein passen ideal dazu.

Oderhecht-Auflauf in einer Kartoffel mit Krebssauce

4 mittelgroße oder 2 große Kartoffeln,
250 g Hechtfilet,
1 Eiweiß,
Salz, weißer Pfeffer,
200 ml Schlagsahne,
1 TL geschnittene Dillspitzen,
30 g Butter, 30 g Mehl,
1 EL Schalottenwürfel,
100 ml Fischfond, 1 Glas Weißwein,
1 EL Krebspaste oder Krebsbutter,
2 EL Crème fraîche, Krebsnasen

Die in der Schale gekochten Kartoffeln quer halbieren, mit einem Eßlöffel aushöhlen und beiseitestellen.
Hechtfilet in Würfel schneiden, in eine Küchenmaschine geben, ebenso Eiweiß und Gewürze. Alles schön zerkleinern, nach und nach die Sahne untermischen, danach durch ein Haarsieb streichen, kalt stellen, gut abschmecken und Dill unterheben. Hechtmasse in die vorbereiteten Kartoffeln geben, diese halb in Folie packen und im Ofen bei ca. 90 °C 10 Minuten garen.
Aus Butter, Mehl und Schalottenwürfeln eine Mehlschwitze herstellen, mit Fischfond ablöschen, glattrühren, dazu Weißwein und Krebspaste geben, auskochen und passieren, mit Crème fraîche vollenden, abschmecken.
Die Kartoffeln auf einem Teller anrichten und mit Krebsnasen garnieren.

Gemüseterrine mit Kressesauce und Krebsschwänzen

2 junge Möhren,
1 kleine Sellerieknolle,
2 Kohlrabi,
1 große Stange Porree
(nur zum Teil verarbeiten),
Salz,
200 g mageres Kalbfleisch (vom Fleischer fein durchdrehen lassen),
200 ml Crème double,
1 Ei, Muskatnuß,
etwas weißer Pfeffer, 30 g Butter
Für die Kressesauce:
2 Schalotten, 30 g Butter,
200 ml Gemüsebrühe,
100 ml Crème fraîche,
1 Schale Kresse,
etwas Zitronensaft, Salz,
gegarte Krebsschwänze
zum Garnieren

Möhren, Sellerie und Kohlrabi schälen und waschen, den Wurzelansatz und schadhafte Blätter vom Porree entfernen. Sellerie und Kohlrabi in 2 cm dicke Stücke schneiden, Möhren auf Terrinenlänge zurecht schneiden. Porree längs einschneiden und ca. 1 Minute in kochendem Salzwasser blanchieren, herausnehmen und trockenlegen. Das andere Gemüse im Siebeinsatz 2-4 Minuten dämpfen.
Das Kalbhackfleisch in einer Schüssel in ein Eiswasserbad stellen, nach und nach Crème double und das Ei unterrühren. Die Masse gut mit Salz, Muskat und Pfeffer würzen. Danach durch ein Haarsieb streichen und kalt stellen.
Eine Terrinenform ausbuttern und mit den Porreeblättern auslegen, abwechselnd mit Fleisch, Möhren, Kohlrabi und

Porree einschichten, mit dem Rest der Kalbfleischmasse zustreichen, überhängende Porreeblätter darauflegen. In einem Wasserbad im Ofen bei ca. 80 bis 90 °C ca. 45-50 Minuten ziehen lassen.
Inzwischen für die Sauce Schalottenwürfel in der Butter ausschwitzen, mit der Gemüsebrühe ablöschen und um die Hälfte einkochen lassen, vorsichtig Crème fraîche unterrühren, geputzte und kleingeschnittene Kresse zugeben. Alles mit dem Pürierstab pürieren und abschmecken.
Die Gemüseterrine auskühlen lassen, stürzen und in Scheiben schneiden, mit gegarten Krebsschwänzen garnieren und mit Kressesauce servieren.

Spargelsalat mit Krebsen und Carpaccio

Nach einem Rezept von einem „italienischen Berliner"

600 g weißer Stangenspargel,
Zucker, Salz
Für das Dressing:
2 EL Balsamicoessig,
2 EL kaltgepreßtes Öl,
2 EL Spargelfond,
Salz, weißer Pfeffer,
Zucker,
2 EL gehackte Kräuter (Petersilie, Kerbel, Basilikum),
16 Krebse (lebend oder gekocht),
1/2 Zitrone,
2 EL Olivenöl und 1/2 TL Pesto,
200 g Carpaccio (geschnittenes Rinderfilet vom Feinkosthändler),
1 kleiner Kopfsalat oder Rucola,
etwas Basilikum

Spargel schälen, waschen und bündeln, nicht zu weich (max. 8-10 Minuten) kochen, herausnehmen, im Eiswasser abschrecken und trocknen.
Essig, Öl, Spargelfond, Salz, Pfeffer und Zucker mit dem Mixer mischen, danach Kräuter unterheben und den Spargel ca. 4-6 Stunden im Dressing marinieren.
Krebse jetzt kochen, danach ausbrechen. Körper und Scheren zur Garnitur aufheben. Schwänze längs halbieren, mit Zitronensaft beträufeln. Olivenöl und Pesto mit einer Gabel gut mischen.
Spargel, Krebse, Krebskörper, Carpaccio und Salatspitzen schön anrichten. Carpaccio mit Olivenöl-Pesto-Mischung bestreichen.
Ideale Beilage: Baguette- oder Fladenbrot und natürlich einen trockenen leichten italienischen Rosé-Wein.

Geräucherte Gänsebrust mit süß-sauren Salaten

2 EL Apfel-Essig,
1 EL Himbeer-Essig,
etwas Zucker,
weißer Pfeffer, Salz,
3-4 EL kaltgepreßtes Salatöl,
Rucola, Endivie,
100 g Feldsalat,
1 kleiner Radicchio,
einige Blätter rotadriger Eichblattsalat,
200 g geräucherte Gänsebrust,
200 g süß-saurer Kürbis (aus dem Spreewald),
200 g süß-saure Gewürzgurken (aus dem Spreewald),
50 g Zwiebelwürfel,
4 EL Sahnemeerrettich,
Kressekeime, Alfalfa-Sprossen,
1 TL gehackter Kerbel

Essig, Gewürze und Salz mit dem Mixstab gut verrühren, Öl zugeben und nochmals mischen bis es eine Emulsion ergibt, abschmecken und wegstellen.
Die Salate verlesen bzw. putzen, waschen, trocken schleudern und auf Tellern schön anrichten, mit dem Dressing benetzen, dazu dünne Gänsebrustscheiben legen und mit Kürbis- und Gurkenwürfeln, feinen Zwiebelwürfeln und Sahnemeerrettich garnieren. Mit Kressekeimen, Sprossen und Kerbel bestreuen.
Ideale Beilage: Schrot- oder Körnerbrot.

Potsdamer Kartoffel-Joghurt-Auflauf

800 g Kartoffeln (mehligkochend),
2 säuerliche Äpfel (Boskop),
40 g Butter, 2 EL Semmelbrösel,
Salz, weißer Pfeffer aus der Mühle, Muskat,
1/4 l Vollmilchjoghurt (3,5 %),
3 Eier,
1/4 l Schlagsahne (30 %),
100 g Käsestifte (Edamer oder Gouda),
2 Bund Schnittlauch,
5 EL Apfelessig,
1 TL Bautzener Senf, 1 Prise Zucker,
4 EL feines Öl

Geschälte Kartoffeln waschen und in dünne Scheiben schneiden. Das Kerngehäuse der Äpfel ausstechen, die Äpfel schälen und in Scheiben schneiden. Eine Auflaufform mit zerlassener Butter auspinseln, mit den Semmelbröseln bestreuen und abwechselnd mit den Apfel- und Kartoffelscheiben auslegen. Jede Lage leicht mit Salz, Pfeffer und Muskat würzen.

Joghurt, Eier und Sahne gut verrühren, die Hälfte der Käsestifte untermischen und ein Teil der Schnittlauchröllchen zugeben. Die Masse würzen und über das Apfel-Kartoffel-Gemisch geben, die restlichen Käsestifte darüberstreuen und den Auflauf im Ofen ca. 60-70 Minuten bei ca. 160 °C backen, bis er eine schöne braune Kruste hat.
Während der Backzeit ein Dressing herstellen. Essig, Senf, Salz, Zucker, etwas weißen Pfeffer mittels Mixstab gut verrühren, Öl und Schnittlauchröllchen unterheben und zum Auflauf servieren.

Ein mittlerweile wieder feines Gericht. Ehemals kochten es die ärmeren Kartoffelbauern aus dem Umland Berlins.

Rixdorfer Bockwurstsalat auf moderne Art

3 Bockwürste (à 100 g),
2 Salzgurken (à 100 g),
1 kleiner Apfel,
2 mittelgroße Zwiebeln,
2 EL scharfer Bautzener Senf,
2-3 EL feines Öl,
Salz, grober weißer Pfeffer aus der Mühle,
Gurkenfond,
2 EL geschnittene Kresse,
2-3 EL geschnittener engl. Sellerie (Staudensellerie),
zum Garnieren Chicoréeblätter, Eischeiben, Radieschenfächer und Maggiekraut

Von den Bockwürsten die Haut abziehen, längs halbieren und in Scheiben schneiden. Ebenso die Salzgurken, den ausgestochenen und geschälten Apfel sowie die Zwiebeln in möglichst gleichgroße Stücke schneiden.
Ein Dressing aus dem Senf, Öl und den Gewürzen herstellen, mit etwas Gurkenfond würzen, zum Schluß kleingeschnittene Kresse untermischen, dazu den Sellerie und die bereits geschnittenen Zutaten geben, alles vermischen und ca. 1 Stunde ziehenlassen.
Den Salat auf einem Teller mit Chicorée anrichten und farbenfroh und appetitlich garnieren.
Dazu Schusterjungs mit Schmalz und ein frisch gezapftes Pilsner. Ein Muß einer jeden Berliner Destille vor ca. 100 Jahren.

Wenn ick Jewürz brauche,
hat der Schlächtermeester
nich funzioniert.

Seinerzeit geflügeltes Wort unter Berliner Kochmamsells

Schlesisches Heringshäckerle auf Kartoffelpuffer

2-3 Salzheringe,
2 Äpfel (Boskop),
2 Zwiebeln,
2 Eier,
100 g magerer Speck,
1 EL Bautzener Senf,
2 EL Öl,
weißer Pfeffer aus der Mühle,
8-10 EL dicker saurer Rahm,
1 kleines Bund Schnittlauch,
Radieschen,
4-6 fertige Kartoffelpuffer,
2 EL Öl

Heringe über Nacht wässern, ausnehmen und filetieren. Äpfel, Zwiebeln, hartgekochte Eier, Speck und die Heringe in Würfel schneiden, mit Senf, Öl, Pfeffer und 2-3 EL saurem Rahm vermischen, 1-2 Stunden im Kühlschrank ziehen lassen.
Zwischenzeitlich den restlichen Rahm mit Schnittlauchröllchen und Radieschenstiften mischen, mit Pfeffer abschmecken.
Die Kartoffelpuffer im Öl schön knusprig braten und auf Tellern anrichten, darauf das Häckerle geben, mit dem Rahmdressing überziehen und dann zu Tisch bringen.

Eintöpfe und Suppen

Nicht nur gern zu Hause bereitet, sondern auch in vielen Kneipen unterschiedlichen Kolorits sind Eintöpfe und Suppen als Spezialitäten im Angebot.
Hier gilt das Motto:

Tagesarbeit, ernster Wille,
Nachts nen Schluck in der Destille,
und een bisken Kille, Kille,
det hält munter, Heinrich Zille.

Weisheit aus Kneipen, Butiken und den „Restorants"

Bürgerliche Kartoffelsuppe mit Würstchen und Rindfleisch

Insider behaupten, der „recht bürgerliche" Suppentopf gehörte zu den Leibspeisen Kaiser Wilhelm II.

400 g Rindfleisch,
1 kleines Suppengrün,
Salz, weißer Pfeffer,
1/2 TL Majoran,
1 Zweig Liebstöckel (Maggikraut),
2-3 Pfefferkörner,
2-3 Pimentkörner,
1 Lorbeerblatt,
1 kg mehligkochende Kartoffeln,
100 g magerer Speck,
1 mittelgroße Zwiebel,
4 Wiener Würstchen,
1 EL Butter,
gehackte Blattpetersilie zum Garnieren

Rindfleisch mit ca. 2 l Wasser und dem geputzten, geschnittenen Suppengrün zum Kochen bringen, ausschäumen, salzen und ca. 1 Stunde kochen lassen. Danach die restlichen Gewürze zugeben und nochmals 1/2 Stunde köcheln lassen. Fleisch herausnehmen und würfeln, jetzt die geschälten, gewürfelten Kartoffeln zugeben und ca. 15 Minuten kochen.
Die Speckwürfel ausbraten, Zwiebelwürfel zugeben und alles hellbraun werden lassen, danach in den fast fertigen Ein-

topf geben, ebenso die Fleischwürfel, anschließend mit dem groben Kartoffelstampfer zerdrücken.
Wurstscheiben in der Butter anbraten und zum Schluß alles mit den Kräutern zugeben, abschmecken und servieren.

Lammfleisch mit Brandenburger Bohnen

300 g Kartoffeln (festkochend),
2 Zwiebeln,
250 g weiße oder rote Bohnen,
400 g grüne Bohnen,
2-3 EL Spreewald Öl,
1-2 EL trockener Rotwein,
³/₄ l Brühe vom Lammkeuleknochen,
1 gekochte gepökelte Lammkeule (ca. 700 g),
2-3 abgezogene Knoblauchzehen,
1 kleines Bund Bohnenkraut,
Salz, weißer Pfeffer aus der Mühle,
2-3 EL gehackte Blattpetersilie

Geschälte Kartoffeln in grobe Würfel schneiden, Zwiebeln fein würfeln, weiße Bohnen ausschälen, die grünen Bohnen putzen, waschen und in Stücke schneiden.
Das Öl erhitzen und darin die Zwiebelwürfel anschwitzen. Bohnensorten zugeben und mit dem Rotwein ablöschen, mit der Brühe auffüllen, die Kartoffel- und Fleischwürfel zu den Bohnen geben. Ca. 20 Minuten abgedeckt kochen lassen, die Knoblauchzehen und das Bohnenkraut zugeben, mit Salz und Pfeffer würzen. Mit der Petersilie bestreuen und sehr heiß zu Tisch bringen.
Achtung, vor dem Servieren Knoblauchzehen aussortieren!

Gerade in den Gegenden um Berlin hält man viel von Bohnenkraut, denn dieses Kraut könne „müde Männer“ munter machen. Ein willkommener Nebeneffekt, würde es denn auch die Wahrheit bedeuten.

Köpenicker Löffelerbsen mit Schweineohr und -schnauze

500 g gelbe Erbsen,
1 kg Schweinekopf (Ohr, Rüssel, Schnauze),
1 Suppengrün, Salz, Pfeffer, Majoran,
100 g magerer Speck,
100 g Griebenschmalz,
200 g Zwiebeln,
¹/₂ kg Kartoffeln,
2 EL gehackte Blattpetersilie,
1 EL Liebstöckel

Erbsen waschen, über Nacht einweichen. Gemeinsam mit dem Schweinekopffleisch im Einweichwasser ansetzen, zum Kochen bringen, dabei abschäumen.
Das Suppengrün waschen, putzen und schälen, in Würfel geschnitten zu den Erbsen geben, alles würzen. Speckwürfel schön kroß ausbraten, Griebenschmalz und Zwiebelwürfel zugeben und anbraten. Mischung in den fast fertigen Eintopf geben. Kartoffeln schälen, würfeln und dazugeben.
Das gare Fleisch herausnehmen, von Knorpel, Sehnen und Knochen befreien und in Würfel bzw. Scheiben schneiden. Kurz vor dem Auftragen Petersilie, Liebstöckel und Fleisch zugeben, gut mischen, würzen.
Dazu Zwiebelschusterjungs (Schmalzbrot, Zwiebeln und Schnittlauch) servieren.

Suppentopf von Schmorgurken mit Kalbshirn und Kerbelrahm

500 g Schmorgurken (Landgurken aus dem Spreewald),
Salz, 1 kleine Porreestange,
1 Möhre, 200 g Kalbshirn,
50 g magerer Speck,
100 g gekochter Schinkenspeck,
40 g Butter oder Schmalz,
2 Zwiebeln,
1/4 l gute Rinderbrühe,
weißer Pfeffer aus der Mühle,
einige Zweige Dill,
5 cl trockener Weißwein,
je 1 EL gehackte Petersilie und Liebstöckel,
100 ml Crème fraîche,
2 EL gehackter Kerbel

Die Gurken schälen, längs halbieren und die Kerne mit einem Löffel herausschaben, die Gurken in ca. 1 cm dicke Stükke schneiden, salzen und vorerst beiseitestellen.
Porree und Möhre putzen, schälen und gut waschen, längs halbieren und in feine Scheiben schneiden. Kalbshirn wässern, enthäuten und in Salzwasser pochieren.
Die Speck- und Schinkenwürfel in einem Schmortopf mit der Butter anschwitzen, dann Zwiebelwürfel zugeben, hell bräunen und mit der Brühe ablöschen, Gurkenstücke zugeben, würzen und Dill einlegen, ebenso Möhren- und Porreescheiben.
Bei mittlerer Hitze ca. 10-15 Minuten köcheln lassen, nach Belieben den Wein angießen und die gehackten Kräuter darüberstreuen.

Inzwischen Crème fraîche mit dem gehackten Kerbel vermischen und würzen. Den Kerbelrahm in den Schmortopf geben und Kalbshirnstücke auflegen, abgedeckt nochmals 5 Minuten ziehen lassen.
Meine Empfehlung: Dazu Sonnenblumenkernbrot reichen.

Altstralauer Fischtopf mit neuen Kartoffeln

Einst war der Fischtopf auf den Märkten der Halbinsel Stralau ständig im Angebot, ebenso anläßlich des Stralauer Fischzuges, einem kulturellen Höhepunkt der Insel im Frühjahr.
Heute wird diese Tradition fortgeführt und der Fischtopf hat seinen festen Platz in der Berliner Küche.

600 g Fischfilet von Zander, Hecht und Karpfen,
1 Zitrone,
Salz, 1 TL Kümmel,
3-4 EL Mehl,
100 g Butter,
200 g Hackepeter,
1 mittlere Zwiebel,
300 g gekochte Kartoffeln,
Pfeffer aus der Mühle,
2 EL Tomatenmark,
1 EL gehackte Kapern,
1 EL gehackter Dill,
100 ml saure Sahne,
Schnittlauchröllchen zum Garnieren

Verschiedene Fischsorten in Stücke schneiden, mit Zitronensaft beträufeln, salzen und mit gehacktem Kümmel bestreuen. Die Fischstücke mehlieren und in 50 g Butter gleichmäßig braun braten, herausnehmen und warm stellen. In die Fischpfanne die restliche Butter geben, Hackepeter, Zwiebelwürfel und gepreßte Kartoffeln darin anbraten. Die Masse soll krümelig sein. Das Gemisch mit Salz und Pfeffer würzen, Tomatenmark, Kapern, Dill und saure Sahne untermischen. Kräftig abschmecken. Die Fischstücke in eine Auflaufform geben und mit dieser Masse bestreichen, im Ofen nochmals ca. 10 Minuten backen und mit Schnittlauch garnieren.
Ideale Beilage: Kopfsalat mit saurer Sahne.

Rixdorfer Bierkaltschale

1/2 l Märkisches Landmann-Bier,
1/2 l Berliner Märzen-Weiße,
6 Scheiben Zwieback,
etwas Zitronenschale
(unbehandelte Zitrone),
wenig Zimt, 1 TL Zucker,
3 Eigelb, 2 Eier,
2 Scheiben Toastbrot,
30 g Butter,
1 kleine, geschälte Limette,
60 g Sultaninen

Bier, Weiße und 200 ml Wasser zum Kochen bringen, die Zwiebackkrumen einstreuen und erhitzen, ziehen lassen. Fein zerriebene Zitronenschale, Zimt und Zucker zugeben, mit dem Schneebesen glattrühren und vorsichtig fast zum Kochen bringen, nicht richtig kochen lassen, die geschlagenen Eier zugeben und solange warm stellen, bis die Suppe dick ist.
Das Toastbrot in Würfel schneiden und in der zerlassenen Butter toasten.
Die gerösteten Toastwürfel beim Anrichten auf die Suppe geben und als Garnitur je Portion 1 EL geschlagene Sahne, Limettenscheibe sowie 1 EL eingeweichte Sultaninen geben.

Spreewälder Brühkartoffeln

1 kg Rinderkochfleisch, Salz,
200 g frischer Meerrettich,
2 Suppengrün,
1,5 kg Kartoffeln
(festkochend),
1/2 TL Kümmel, Pfeffer,
Pfefferkörner, Pimentkörner,
1 Lorbeerblatt,
4 EL gewürfelte Faßgurken,
je 1 EL gehackte Petersilie
und Liebstöckel

Rindfleisch in ca. 1,5 l leicht gesalzenem Wasser zum Kochen bringen, ausschäumen, geputzten Meerrettich zugeben und ca. 90 Minuten kochen lassen. Fleisch und Meerrettich herausnehmen und würfeln.
In die Brühe die Fleischwürfel und das feingewürfelte Suppengrün geben. Die Kartoffeln ebenfalls in Würfel schneiden (2 x 2 cm), blanchieren, abgießen und in die Fleisch-Gemüse-Brühe geben. Meerrettichwürfel, restliche Gewürze zugeben, einmal kurz aufkochen lassen, vom Herd nehmen, Faßgurkenwürfel, Petersilie und Liebstöckel zugeben, umrühren und anschließend zu Tisch bringen.
Rindfleisch kann auch, in Scheiben geschnitten, extra dazu gereicht werden, dazu frisch geschabten Meerrettich.

Beelitzer Spargelconsommé mit gebratener Hühnerbrust

Gerade in der Spargelzeit sind die jungen Hühnchen auch schlachtreif.

1 l Hühnerbrühe
(oder 1 kg Geflügelklein,
1 kleines Suppengrün, Salz),
400 g Spargelabschnitte,
200 g Hühnerkeulenfleisch,
2-3 Eiweiß,
je 2 EL Möhren, Sellerie und Porree,
Petersilienstengel,
etwas Zucker, Salz,
2 Hühnerbrüste, 20 g Öl,
weißer Pfeffer aus der Mühle

Die Hühnerbrühe mit den Spargelabschnitten zum Kochen bringen, ca. 20 Minuten kochen und passieren. Danach auf Zimmertemperatur abkühlen lassen. Das grob zerkleinerte Hühnerkeulenfleisch, Eiweiß und das geschnittene Gemüse mischen und mit der Spargel-Hühnerbrühe aufgießen, alles langsam zum Kochen bringen und ca. 30 Minuten ziehen lassen. Kraftbrühe über ein Tuch abseihen, abschmecken und eventuell abfetten.
Zwischenzeitlich die Hühnerbrüste in dem Öl rosa braten, danach mit Pfeffer und Salz würzen.
Zum Anrichten das Hühnerfleisch in dünne Scheiben schneiden, mit der heißen Brühe aufgießen, sofort servieren.

Brandenburger Haferklößchen-Suppe mit Kressesahne

40 g Butter, 1 Zwiebel,
75 g Haferschrot,
200 ml Gemüsebrühe,
1 Ei, 1 Möhre,
1 kleine Porreestange,
Salz, weißer Pfeffer aus der Mühle,
$^{1}/_{2}$ Blumenkohlkopf,
$^{1}/_{4}$ l Vollmilch, Salz, Pfeffer,
je 1 EL getrocknete Petersilie und Kerbel,
100 ml Schlagsahne,
1 Schachtel Kresse

Die Butter erhitzen, Zwiebelwürfel und den Haferschrot darin anschwitzen, mit der Gemüsebrühe auffüllen, glattrühren und ca. 3-5 Minuten auskochen lassen, vom Herd nehmen und das geschlagene Ei unterheben, zusätzlich feine Möhren- und Porreewürfel einkneten, würzen. Mit einem Eßlöffel Klößchen abstechen und in leichtem Salzwasser pochieren. Die Klößchen sind gar, wenn sie oben schwimmen.

Blumenkohl putzen, Röschen schneiden und in ca. 1/2 l Salzwasser abkochen. Blumenkohl weich kochen, pürieren und mit der heißen Vollmilch auffüllen, nochmals aufkochen und gut würzen. Bei Bedarf nochmals erwärmen.
Schlagsahne steif schlagen, mit geschnittener Kresse mischen und zusammen mit den Haferklößchen anrichten. Eventuell mit einer Blüte der Kapuzinerkresse garnieren.

Bei diesem Gericht sind längst vergessene, aber schmackhafte Rohstoffe wieder verwendet worden.

Kalte Gurkensuppe nach Spreewälder Art

500 g Salatgurken, Salz,
3/4 l Magermilch-Joghurt,
1/4 l saure Sahne (10 %),
je 1 EL geschnittener Dill und gehackter Liebstöckel,
weißer Pfeffer aus der Mühle,
1 TL Zucker,
2 cl Spreewälder Korn

Salatgurken schälen, dabei auf Bitterstoffe am Stiel prüfen, längs halbieren und Kerngehäuse ausschaben. Die Gurken hobeln und salzen, im Kühlschrank ca. 1-2 Stunden ziehen lassen.
Danach den gut gekühlten Joghurt und saure Sahne unterrühren. Mit Dill und Liebstöckel bestreuen, abschmecken mit Salz, Pfeffer und Zucker und mit dem Korn vollenden. Kalt stellen und gut gekühlt servieren.

Eine ideale Suppe an heißen Sommertagen – und obendrein hat sie wenig Kalorien.

Fisch- und Zwischengerichte

Hecht-Karpfen-Sülze auf Apfelvinaigrette

Je 250 g Hecht- und Karpfenfilet,
½ l Fischfond,
1 Möhre,
100 g Porree,
8-10 Spinatblätter,
3 Blatt weiße Gelatine,
100 ml trockener Weißwein,
100 ml Noilly Prat,
Salz,
1 EL Fischgewürz
<u>Für die Apfelvinaigrette:</u>
1 kleiner Apfel,
1 Schalotte,
1 TL scharfer Meerrettich,
2 EL Apfelessig,
Salz,
weißer Pfeffer aus der Mühle,
4 EL Walnußöl,
1 EL feingehackte Walnußkerne,
1 TL geschnittener Dill,
Dill und Salatspitzen als Garnitur

Hecht- und Karpfenfilets in gleichmäßige Stücke schneiden, mit den feinen Gemüsewürfeln im Fischfond garziehen lassen. Wenn alles gar ist, herausnehmen, Spinatblätter kurz blanchieren. Gelatine einweichen und im heißen Fischfond auflösen. Abkühlen lassen. Gemüse, Fischstücke und Blattspinat in eine Terrinenform einschichten. Den Fischfond mit dem Weißwein und dem Noilly Prat abschmecken und in die Form gießen, ca. 5 Stunden in den Kühlschrank stellen.
Für die Vinaigrette Apfel und Schalotte schälen und fein würfeln. Meerrettich und Essig zugeben, mit Salz und Pfeffer würzen, jetzt das Öl, die Walnußkerne und den Dill zurühren, nochmals nachschmecken.
Die Sülze mit der Vinaigrette auf einen Teller anrichten, mit Dill und Salatspitzen garnieren.

Souffliertes Schleienfilet

3 Schleien (ca. à 350 g),
Salz, Zitronensaft,
3 Eiweiß,
200 g feines Weißbrot (ohne Rinde),
1/4 l Milch,
weißer Pfeffer,
je 1 kleine Möhre,
1 Stück Porree,
1 Zwiebel,
1 EL geschnittener Dill,
1 TL Kartoffelstärke,
4 EL saure Sahne,
1/4 l Schlagsahne,
4 EL Weißwein,
30 g Butter

Die Fische filetieren, kleinschneiden, säuern und salzen, gut gekühlt in einer Küchenmaschine pürieren. Eiweiß zugeben, in Milch eingeweichtes Weißbrot ausdrücken, nach und nach in die Masse einmischen, mit Salz und Pfeffer würzen, durch ein Haarsieb streichen und mit den Gemüsewürfeln und dem Dill vollenden, kühl lagern. Eventuell mit Kartoffelstärke binden. Aus den Fischgräten ca. 100 ml Fischfond herstellen und passieren, um die Hälfte einkochen lassen und mit der Sahne und dem Weißwein verrühren.
Aus der Fischmasse mit dem Eßlöffel kleine Klößchen abstechen und in dem Fischfond abgedeckt gar ziehen lassen. Den Fond mit kalter Butter aufschlagen. Beim Anrichten Schleienklößchen auf den Teller legen und den Fond über die Souffléklößchen gießen.
Dazu tournierte gekochte Kartoffeln und Blattsalat reichen.

Gebeiztes Havelzanderfilet mit Senfdressing

Ein persönliches Rezept von mir, 100mal ausprobiert und immer wieder für gut befunden.

1 Zander (ca. 1,5 kg)
<u>Für die Beize:</u>
300 g Kochsalz, 150 g Zucker,
1 EL gedrückter Koriander,
1 EL weiße Pfefferkörner,
1 kleines Bund Dill
(grob geschnitten),
100 ml feines Öl,
je 1 EL gehackte Petersilie,
Dill und Kerbel,
1 EL geriebene Zitronenschale,
1 TL geriebene Orangenschale
<u>Für das Senfdressing:</u>
3 EL mittelscharfer Senf,
4 EL Öl, 1 TL Zucker,

0,75 L
Werderaner Wachtelberg
1997 Müller-Thurgau
trocken
Saale/Unstrut

etwas weißer Pfeffer aus der Mühle,
1 EL geschnittener Dill
Als Garnitur:
2 Köpfe Eichblattsalat,
4 EL Italienisches Dressing,
1/2 Zitrone,
Partytomaten, Keimlinge

Zander schuppen, waschen und filetieren (Haut nicht ablösen). Gewürzzutaten gut mischen und damit die zwei Seiten Zanderfilet gut bestreuen. Mit dem Salzfond, der sich bildet, das Zanderfilet oft übergießen. Alles ca. 4-5 Stunden ziehen lassen. Das Fischfilet jetzt aus der Beize nehmen, abspülen und trocken tupfen. Mit dem Öl bestreichen und mit Kräutern, Zitronen- und Orangenschale gleichmäßig bestreuen und ca. 1-2 Stunden marinieren lassen.
Die gesamten Zutaten des Dressings gut mischen und glattrühren.
Die Haut der Zanderfilets in hauchdünne Tranchen schneiden.
Mit dem Eichblattsalat, Dressing und Keimlingen anrichten.
Ideale Beilage: helles Stangenbrot und einen Aquavit.

Lausitzer Schüsselhecht

1 Hecht (küchenfertig ca. 2 kg),
80 g Butter, 2 Zwiebeln,
2 kleine Petersilienwurzeln,
1 kleine Möhre,
1 Stück Sellerieknolle,
2 Lorbeerblätter,
1/2 l Weißbier,
Salz, weißer Pfeffer aus der Mühle,
4 EL Schlagsahne,
2-3 EL Semmelmehl, 2 Eigelb,
je 1 EL grobgehackte Petersilie
und Dill

Hecht in ein Gargefäß geben und mit der zerlassenen Butter begießen. Gemüse putzen, waschen und in Stücke schneiden. Alles dazugeben und mit Weißbier angießen, zum Kochen bringen und ca. 30 Minuten im Ofen garziehen lassen. Würzen, Fischfond in ein anderes Gefäß abseihen, aufkochen, mit dem Semmelmehl und der Sahne binden, mit Eigelb legieren. Sauce über den Hecht gießen und nochmals 5-10 Minuten im Ofen überglänzen.
Den Hecht im Gargefäß zu Tisch bringen und kurz vor dem Anrichten mit den Kräutern bestreuen.

Eine Spezialität eines bekannten Fischrestaurants mitten im Spreewald.

Havelzander im Kohlblatt mit Krebsschwänzen

400 g Zanderfilet, 1 EL Zitronensaft,
Salz, weißer Pfeffer aus der Mühle,
4-6 junge Weißkohlblätter,
100 g Champignons,
50 g Butterschmalz,
100 ml Weißwein, 1 EL Krebspaste,
100 ml Crème frischli,
12-16 Krebsschwänze

Zanderfilet in 8 gleichmäßige Stücke schneiden und mit Zitronensaft marinieren, salzen und pfeffern. Die Weißkohlblätter in Salzwasser blanchieren, danach in Eiswasser abschrecken und trockentupfen. Kohlblätter auslegen, würzen und mit den Fischfiletstücken belegen. Champignonköpfe abziehen, in feine Streifen schneiden und auf das Fischfilet geben. Die Kohlblätter einschlagen, in dem Butterschmalz mit dem angegossenem Weißwein ca. 20 Minuten im Ofen bei ca. 180 °C garen.

Kohlwickel herausnehmen, Fond mit Krebspaste und Crème frischli aufrühren, aufkochen und binden, abschmecken.
Die Sauce auf heißen Tellern verteilen, dazu angeschnittene Kohlwickel und als Garnitur Krebsschwänze.
Ideale Beilage: in Butter gedünstete Gemüsestreifen und Baguettebrotscheiben.

Krebsschwänze nach Berliner Art

10-15 Krebse,
Salz, 1 EL Kümmel,
etwas Dill,
1 Knoblauchzehe,
1 kleine Zwiebel,
80 g Butter,
weißer Pfeffer aus der Mühle,
5 cl Weinbrand,
4 Tomaten,
1 kleines Suppengrün,
1/4 l Schlagsahne,
2 Eigelb,
1/4 l trockener Weißwein

Lebende Krebse unter fließendem Wasser waschen und gut abbürsten.
1 l Salzwasser mit dem Kümmel, Dill, Knoblauchzehe, Salz und Zwiebelstreifen zum Kochen bringen. Die Krebse kopfüber in den kochenden Sud legen und ca. 10-12 Minuten garziehen lassen. Krebse aus dem Fond nehmen und ausbrechen (Rumpf, Scheren und Schwanz, beim Schwanz den Darm ziehen).
Die Schalen und den Rumpf grob zermahlen, in 40 g Butter anschwitzen, mit dem Weinbrand „flambieren", mit Kochfond (ca. 1 l) aufgießen und ca. 10 Minuten kochen lassen. Fond passieren und würzen.
Die Tomaten häuten, entkernen und in grobe Streifen schneiden. Gemüsestreifen in der restlichen Butter anschwitzen, mit dem Fond aufgießen und ca. 5 Minuten kochen lassen. Jetzt die Sahne, das Eigelb und den Wein zugeben. Das Krebsfleisch unterheben und zum Schluß die Tomatenstreifen. Dieses Gericht kann ruhig etwas suppig sein.
Ideal dazu: Stangenweißbrot oder Langkorn-Wild-Reis und selbstverständlich ein Werderaner Wachtelberg, ein trockener Weißwein aus Werder.

Peitzer Karpfenfilet in Apfelsauce mit Cidre

Das Grundrezept ist mittlerweile gut 250 Jahre alt. Es zeigt die Verbundenheit der Berliner mit den Ressourcen der Natur, heute nur ergänzt durch moderne Getränke.

4 Stück Karpfenfilet,
Saft von 1 Zitrone,
Salz,
weißer Pfeffer aus der Mühle,
4 EL Mehl,
80 g Butter,
2 kleine säuerliche Äpfel,
4 EL Apfelgelee,
1 EL Apfelessig,
100 ml Cidre (Apfelwein),
kleine gebratene Kartoffeln

Karpfenfilet säuern und salzen (d.h. marinieren), ca. 2 Stunden ziehen lassen. Würzen, mehlieren und in der heißen Butter von beiden Seiten schön braun braten, Fischstücke aus dem Bratfett nehmen und warm stellen. In dem Bratenfond die Apfelstreifen anschwitzen, mit dem Apfelgelee erwärmen und mit dem Apfelessig abschmecken. Kurz aufkochen und mit dem Cidre vollenden.
Auf der Apfelsauce die Karpfenfilets mit gebratenen Kartoffeln anrichten.

Berliner Zanderfilet auf Speck-Sauerkraut

4 Zanderfilets (ca. à 180 g),
Saft von 1 Zitrone,
Salz, weißer Pfeffer aus der Mühle,
80 g Butter,
4 EL Mehl,
2 EL getrocknete Blattpetersilie,
$^1/_2$ kg gekochtes Sauerkraut,
100 g kroßgebratene Speckwürfel,
8 EL saure Sahne,
1 EL geschnittener Dill

Zanderfilet säuern und würzen, ca. 2 Stunden im Kühlschrank marinieren lassen.
Butter zerlassen und in der heißen Pfanne die mehlierten Zanderfilets schön braun braten, mit Petersilie bestreuen und nachwürzen.
Die Fischfilets auf heißem Speck-Sauerkraut anrichten, mit Fond begießen und zum Schluß mit der Dillsahne garnieren.
<u>Ideale Beilage:</u> Kartoffelsalat mit Speck.

Der Zander, „der Gourmetfisch" des Inlands, ist besonders gut aus dem Oderhaff, dem Müritzsee und den Gewässern um Berlin. Heute preisintensiver als der Zuchtlachs!

Karpfen in Weißbier

Ein Rezept aus der „guten alten Zeit", denn in dieser Zeit gab die Berliner Weißbier-Brauerei schon Rezeptsammlungen heraus, in denen mit diesen Produkten Speisen zubereitet wurden.

1 Karpfen (küchenfertig, ca. 1,5-2 kg),
1 Zitrone, Butter,
2 Zwiebeln, 1 Möhre,
2 EL geschnittenes Liebstöckel,
Salz, weißer Pfeffer
aus der Mühle,
1 Flasche Weißbier
(am besten Märzenweiße),
2-3 Nelken, 1 Lorbeerblatt
Für die Sauce:
100 g geriebener Zwieback oder
Fischkuchen,
50 g Butter,
1 EL Zucker, 2 EL Apfelessig

Karpfen in Portionsstücke schneiden und säuern. Eine Schmorpfanne ausbuttern, mit Zwiebel- und Möhrenscheiben belegen, die Karpfenstücke auflegen, mit Salz, weißen Pfeffer würzen und ca. 20 Minuten ziehen lassen. Mit dem Weißbier angießen, Nelken, Lorbeerblatt zugeben und langsam zum Kochen bringen, abgedeckt noch 10 Minuten ziehen lassen. Karpfenstücke herausnehmen und auf eine feuerfeste Platte legen, warm stellen.

Dann Karpfenfond mit dem Zwieback binden, zum Kochen bringen, mit Zucke und Apfelessig würzen. Alles schön glattrühren und die Sauce über die Fischstücke zugießen.

Ideale Beilage: Sahnemeerrettich, Petersilienkartoffeln und Zitronenecken.

Kenner genießen dazu ein frisches Bier.

Speckeierkuchen nach „Vater Zille"

Zur spritzigen Berliner Weiße ein ideales „Zwischendurch", so daß noch manche „Weiße" wohl bekommt.

4 Eier,
2 EL geschnittener Schnittlauch,
200 g feines Mehl,
200 ml Vollmilch,
1/2 Päckchen Backpulver,
Zucker, Salz,
4 EL feines Bratöl,
300 g Magerspeck
(ohne Schwarte und Knorpel)

Eier aufschlagen, Schnittlauch unterheben, abwechselnd Mehl und Vollmilch zugeben, mit dem letzten Mehl das

Backpulver nicht vergessen. Salz und wenig Zucker zugeben und den Teig ruhen lassen. Masse sollte dicklich sein. Speck zu Streifen schneiden und ausbraten.
Für einen Eierkuchen Öl erhitzen und Eierkuchenmasse aufgießen, auf die Hälfte dicklich werden lassen, dann je 1-2 EL angebratene Speckstreifen gleichmäßig auf dem Eierkuchen verteilen und fertig garen, dabei auch auf das Wenden des Eierkuchens nicht verzichten.
Ideal dazu: Kopfsalat in Joghurtdressing.

Gefüllte Kohlköpfchen

Schon Madame Dutitre, eine Urberlinerin, zelebrierte sie zu ihren legendären Gelagen und Festessen.

300 g Kalbsbrust ohne Knochen,
Salz, weißer Pfeffer,
3 Schalotten, 1 Nelke,
1 kleiner Wirsingkohl,
60 g Butter,
3 Tomaten (enthäutet und entkernt),
200 g weiße Champignons,
1 kleines Glas trockener Weißwein,
1/8 l heller Fleischfond,
80 g Butter zum Binden,
2 EL geschnittene Schnittlauchröllchen

Kalbsbrust mit Salz, Pfeffer und einer Schalotte zum Kochen bringen, Nelke zugeben und garkochen. Fleisch herausnehmen und kalt stellen.
Zwischenzeitlich 8 Wirsingblätter putzen und waschen, in kochendem Salzwasser blanchieren und in Eiswasser abschrekken, abtrocknen.
Das Kalbfleisch in mittlere Würfel schneiden, mit 1 EL fein gewürfelten Schalotten in 30 g Butter anschwitzen und später auch garen. Zum Schluß den Rest des Wirsingkohls in feine Würfel schneiden und zugeben, anschließend größere Tomatenwürfel von 1 Tomate anschwitzen. Geputzte Pilze waschen, würfeln, mit dem Rest Butter und Schalottenwürfeln anschwitzen. Alles mischen, kräftig mit Salz, Pfeffer und Weißwein abschmecken.
Je Köpfchen eine Suppenkelle mit einem sauberen Tuch auslegen, 1-2 Blatt Wirsing hineinlegen, würzen und bereitete Mischung einfüllen, überstehende Blätter zusammenschlagen, das Tuch herausnehmen und durch Drehen eine runde Kugel formen. Diese in einen Topf setzen, würzen und mit dem Fleischfond angießen, im Ofen ca. 20 Minuten bei 180 °C braten. Die Bällchen herausnehmen und warm stellen. 1/8 l hellen Fleischfond aufkochen, passieren und mit kalter Butter binden.
Mit Schnittlauch und Tomatenfilets garnieren und dazu Mini-Karotten servieren.

Fleischpastete mit Gänseleber

(Rezept für 10-12 Personen)

Ein feines Gericht in den Spätherbstmonaten bzw. zum Gänseschlachten, sicher etwas aufwendiger in der Zubereitung, aber um so höher ist die Anerkennung für Sie von Ihren Gästen.

½ kg magerer Schweinerücken,
3 Schalotten, 1 EL Butter,
Salz, weißer Pfeffer,
1 TL Pastetengewürz,
50 g abgezogene Pistazien,
100 ml Weißburgunder
(oder ähnlich trockener),
400 g Schweinebauch,
100 g frische Champignons,
600-700 g Pastetenteig,
300-400 g Gänseleber
(auch andere Geflügelleber),
50 g Butter, 1 Eigelb,
4 EL Portwein, 2 Blatt Gelatine

Das Schweinerückenfleisch in Würfel schneiden. Fein gehackte Schalotten in der Butter farblos anschwitzen, die Fleischwürfel anbraten, würzen und Pistazien zugeben, mit dem Weißwein ablöschen. Alles abgedeckt im Kühlschrank durchziehen lassen.

Den Schweinebauch fein durchdrehen und vorsichtig unter die Fleischmasse heben. Nochmals würzen. Die geputzten Pilze vierteln, waschen und auch in die Masse geben.

Den Pastetenteig dünn ausrollen, eine gleichmäßige Platte für eine Kastenform ausschneiden, die Form fetten und mit dem Pastetenteig auslegen. Die Hälfte der Fleischfüllung in die Form geben. Die Gänseleber in der Butter nur ganz kurz anbraten, herausnehmen, abkühlen und auf die Mitte der Füllung geben. Die restliche Fleischmasse auffüllen und glattstreichen.

Den überstehenden Teigrand übereinanderlappen, den Teig mit Eigelb, verrührt mit 2 Eßlöffeln kaltem Wasser, etwas bestreichen. Alles vorsichtig fest andrücken. In den Deckel ein Loch (ca. 3 cm Durchmesser) schneiden. Aus den Teigresten beliebige Formen schneiden oder ausstechen. Mit der restlichen Eimasse alles schön gleichmäßig bepinseln und mit der Teiggarnitur belegen. In das Deckelloch einen „Schornstein aus Alufolie" stecken.

Die jetzt fertige Pastete ca. 45 Minuten bei 180 °C backen. Die Pastete ist gar, wenn in dem Schornstein der ausgetretene Fond klar ist.

Pastete auskühlen lassen, vorsichtig aus der Form heben und nochmals kühl ca. 1 Stunde ruhen lassen.

Pastetenteig

(für ca. 10 Personen)

500 g Mehl,
1 Prise Zucker,
Salz,
2-3 Eigelb,
125 g Butter

Das Mehl sieben, Zucker, Salz, Eigelb und Butter zu einem festen Teig kneten, danach je nach Geschmeidigkeit 2-4 EL kaltes Wasser einkneten. Alles zu einer festen Kugel formen, mit feuchtem Papier abdecken und ca. 2-3 Stunden im Kühlschrank ruhen lassen. Danach in ca. 1/2-1 cm dicke Platten ausrollen und verarbeiten.
Der Pastetenteig eignet sich für Fleisch-, Fisch-, Geflügel- und Wildgerichte.

Weißburgunder und Portwein mischen, erhitzen und darin die eingeweichte Gelatine (5-6 Blatt auf 1 l) auflösen, erkalten lassen und über die Pastete gießen.
Wenn das Gelee starr ist, die Pastete schnell schneiden und zu Tisch bringen.
Ideale Beilage: Salatspitzen und frischer Grauburgunder.

Aus dem Berliner Küchenwortschatz:

Ofenrohr – Roulade
Radfahrerbeene – Wiener Würstchen
Schuhsohle – Gebratenes Rumpsteak

Hoppel-Poppel

Ein typisches Berliner Resteessen. Statt Reste vom Schweine- oder Kalbsbraten, Kasseler, Salami oder anderer Wurst kann man es mit „feinen Resten" aus der Schweins- oder Rinderlende zubereiten oder sogar aus Kalbsschnitzelfleisch. Dann sagt der feine Berliner: „Denn isset wat jutet uff'n Tisch".

100 g Bruststpeck,
2 Zwiebeln,
50 g Butterschmalz,
400-500 g Wurst- oder Fleischreste,
1 kg gekochte Pellkartoffeln,
Salz, Pfeffer,
wenig gemahlener Kümmel,
10 Eier,
100 ml Vollmilch,
etwas Muskat,
je Portion 1/2 EL gehackte Petersilie und Schnittlauchröllchen

Den Speck in Würfel schneiden und glasig ausbraten, die Zwiebelwürfel und das Butterschmalz sowie die Fleisch- und Wurstreste zugeben, alles hell anbraten, danach die Kartoffelscheiben zugeben, würzen und richtig knusprig anbraten. Die Mischung in eine feuerfeste Form geben. Eier, Vollmilch, Salz und Muskat verquirlen und über das Kartoffelgemisch geben. Im Ofen nochmals ca. 20 Minuten bei 180-200 °C backen. In der Form zu Tisch bringen und vor dem Servieren mit den Kräutern bestreuen.
Ideale Beilage: Spreewälder Senf- oder Gewürzgurken.

(Das Foto zum Rezept siehe auf Seite 2).

Das Schlachtfleisch

Buletten haben in vielen Stammkneipen, Restaurants und Destillen ihren Stammplatz, so auch in dem „Hungerturm“ direkt auf dem Tresen, mit weiteren kleinen „Naschereien“ wie Soleiern, Gurken oder auch eingelegten Zwiebeln.
Die Bulette – oder auch Frikadelle, sächsisches Beefsteak (sprich Beffschteck), Faschiertes, Brisolette oder Pflanzerl – machte von hier aus den Siegeszug durch die Welt.

„Lieber etwas jutes,
aber dafür immer etwas mehr“

Bulette

Hier meine Version, eine Spezialität der Großmutter meiner Frau.

Je 500 g fein durchgedrehtes
Schweine- und Rinderhack,
2-3 altbackene Schrippen,
3 Eier, Salz, Pfeffer,
2 mittelgroße Zwiebeln,
30 g Butter,
1/2 TL Majoran,
etwas gemahlener Kümmel,
eine Messerspitze Knoblauchgranulat,
100 ml feines Öl

Das Fleischhack in eine große Schüssel geben, dazu die in kaltem Wasser eingeweichten und ausgedrückten Schrippen, die Eier, Salz und Pfeffer. Zwischenzeitlich die Zwiebelwürfel in der Butter anschwitzen. Die restlichen Gewürze zugeben, alles durchschwitzen und kalt stellen. Danach in das Fleischgemisch geben, 4-6 EL kaltes Wasser noch dazu und mit den Händen verkneten, bis eine geschmeidige Masse entsteht, nachwürzen. Formen (boule heißt französisch Kugel) und mit kaltem Wasser abstreichen, so daß die Bulette glatt ist. In heißem Öl je Seite 6-7 Minuten schön braun braten.

Ideale Beilage: Kartoffelsalat mit Kräutern, Senf und geschmorten Zwiebeln.

Aus dieser Fleischmasse wurden noch weitere Gerichte hergestellt, z.B. der Hackbraten, die Klopse, falscher Hase oder das „Gewiegte".

Berliner Pökeleisbein mit Sauerkraut und Erbspüree

Das Eisbein ist wohl das „typische Gericht" der Berliner Küche.
Küchenhistoriker fanden heraus: „Schon um 1800 wurde es in Gaststätten in der Nähe des ehemaligen Görlitzer Bahnhofs immer intensiver angeboten."

4 gepökelte Eisbeine (à 600-700 g),
5-6 Pimentkörner,
5-6 schwarze Pfefferkörner,
2 Lorbeerblätter,
2 Zwiebeln, 1 EL Zucker

Eisbeine sorgfältig putzen und abschaben, waschen und in kochendes Wasser legen, nach dem ersten Aufkochen abschäumen. Die Gewürze, die Zwiebeln und den Zucker zugeben. Alles kochen, bis das Fleisch gar ist, Kochdauer ca. 1 1/2 Stunden.

Zwischenzeitlich Sauerkraut und Erbspüree vor- und zubereiten.
Und so ißt der Berliner das Pökeleisbein: mit Sauerkraut, Erbspüree, kleinen Kartoffeln und etwas Brühe, mit scharfem Senf und – nicht vergessen – „eener Molle mit'n Korn".

Feines Sauerkraut – wie ich es mag und empfehle

500 g feines Spreewälder Sauerkraut (mit leichter Kümmelnote),
1/2 geschälter Apfel,
1 kleine Möhre,
1 mittelgroße Zwiebel,
1 EL Zucker,
75 g feines Schweineschmalz,
100 ml trockener Apfelwein,
1 geriebene Kartoffel

Sauerkraut, Apfelscheiben, feine Möhrenstreifen, halbierte Zwiebelscheiben, Zucker, Schweineschmalz und Apfelwein in einem Topf zum Kochen bringen, Garzeit ca. 3/4 Stunde. Die Flüssigkeit mit der geriebenen Kartoffel binden und alles nochmals abschmecken.

Weiter aus dem Berliner Küchen- und Kneipenwortschatz:
Briefträgereisbein – Rollmops
Droschkenkutscher – Bier und Korn
Maurertod – Boonekamp und Pfefferminz

Berliner Erbspüree

(für ca. 8 Personen)

500 g gelbe Erbsen (ungeschält),
1/2 l Eisbeinbrühe,
je 2 EL feine Porree-, Zwiebel-, Möhren- und Selleriewürfel,
Salz, weißer Pfeffer,
etwas Majoran,
100 g Speck,
100 g Zwiebel

Erbsen in der kalten Brühe mit dem feingeschnittenen Suppengemüse ansetzen, zum Kochen bringen und ausschäumen (gestocktes Eiweiß), ca. 1/2 Stunde kochen. Dann die Gewürze zugeben und alles mitkochen lassen bis die Erbsen weich sind. Mit dem Pürierstab fein schlagen bis alles dickcremig ist, abschmecken und zum Schluß die ausgebratenen Speck- und Zwiebelwürfel zugeben und untermischen.
Ideale Beilage für das Berliner Eisbein oder zum geschmorten Kasselerkamm.

Kalbsleber auf Berliner Art

Ein Gericht aus Alt-Berlin – damals ein Muß für jeden Besucher dieser Stadt.

8 Scheiben Kalbs- oder Schweineleber (à ca. 80 g),
4-6 EL Mehl, 80 g Butter,
Pfeffer aus der Mühle, Salz,
2-3 mittelgroße Zwiebeln,
2 mittelgroße Äpfel (Renette oder Boskop),
1 EL gehackte Petersilie

Leberscheiben trocken tupfen, im Mehl wenden und in der erhitzten Butter je Seite 4-5 Minuten schön braun braten. Die Leber sollte innen rosa sein. Jetzt erst pfeffern und salzen. Leber aus der Pfanne nehmen und warm stellen. Die Äpfel ausstechen, schälen und in Scheiben schneiden. In dem Bratenfett die Zwiebelscheiben anschwitzen, danach ebenso die Apfelringe anbraten.
Die Leber auf eine Platte oder auf Teller legen, darauf die Zwiebelringe und Apfelscheiben geben. Mit dem Bratenfett übergießen und mit der Petersilie bestreuen.
<u>Ideale Beilage:</u> Quetschkartoffeln oder Kartoffelpüree, nach Belieben Rotkohl und dazu eine frischgezapfte Molle.

Kalbsbrust mit Stachelbeeren

Ein fast ungewöhnliches, aber ganz vorzügliches Rezept. Es entstammt der Feder und der Küche von Auguste Fontane, der Großmutter Theodor Fontanes.

Ca. 1 kg Kalbsbrust mit Knorpel und Knochen,
Salz, weißer Pfeffer aus der Mühle,
50 g Butterschmalz,
1/2 Suppengrün,
1 EL Zucker,
1/2 TL gemahlener Zimt,
1 Tasse trockener Weißwein,
400 g unreife Stachelbeeren,
50 g Butter,
3 Eigelb,
4 EL Schlagsahne,
1/2 TL abgeriebene Zitronenschale (unbehandelt)

Kalbsbrust würzen, in dem Butterschmalz von allen Seiten schön braun braten, geputztes Suppengrün einstreuen, Zucker und Zimt zugeben, mit Weißwein ablöschen und im Backofen bei ca. 175 °C gar schmoren. Dabei den Bratensatz mit etwas kaltem Wasser ablöschen. Nach ca. 1 Stunde Schmorzeit 2/3 der Stachelbeeren zugeben und ca. 1/2-3/4 Stunde mitschmoren. Fleisch herausnehmen

und warm stellen. Den Bratenfond durch ein Sieb streichen, mit Salz und Pfeffer nachschmecken. Butter, Eigelb-Sahne-Gemisch und Zitronenschale unterrühren und die restlichen Stachelbeeren zugeben. Sauce nicht mehr kochen, nur noch 10-15 Minuten ziehen lassen.
Das Fleisch in Scheiben schneiden und mit der Sauce reichlich übergießen.
Die Überlieferung empfiehlt: Kartoffelbrei und frischen Kopfsalat dazu reichen.

Lübbenauer Meerrettichlende und Apfel-Relish

600 g Rinderlende
(ohne Sehnen),
Salz,
schwarzer Pfeffer
aus der Mühle,
4 EL feines Speiseöl,
2 mittelgroße Zwiebeln,
1 Knoblauchzehe,
1/4 l Fleischbrühe,
2-3 säuerliche Äpfel,
20 g Butter,
1 EL Zitronensaft,
2-3 EL Johannisbeergelee,
1 EL scharfer Senf,
weißer Pfeffer aus der Mühle,
100 ml Schlagsahne,
1 EL Mehl,
3-4 EL geschabter oder
gehobelter Meerrettich

Vorbereitete Rinderlende würzen und mit dem Öl einreiben, in einer Schmorpfanne im Ofen schön braun braten. Grobe Zwiebelwürfel und kleingeschnittenen Knoblauch zugeben, mit der Brühe ablöschen und ca. 60-70 Minuten weiter schmoren.
Zwischenzeitlich geschälte Apfelstücke in der Butter anschwitzen, mit Zitronensaft ablöschen, Johannisbeergelee und Senf zugeben. Mit Pfeffer würzen und warm stellen. Die fertig gebratene Rinderlende aus dem Fond nehmen, diesen mit Sahne-Mehl-Gemisch binden, aufkochen und passieren. Jetzt Meerrettich zugeben und über das in Scheiben geschnittene Fleisch geben.
Dazu neue Kartoffeln und Apfel-Relish servieren.

Ideal für das Gericht sind frisch gehobelte Meerrettichstangen aus dem Spreewald.

Apfel-Relish

(für 10 Personen)

Stammt aus dem Englischen, ist meist eine würzige, pikant-lieblich schmeckende Sauce.

3-4 EL feines Öl,
2-3 Gemüsezwiebeln,
2 mittlere Äpfel (geschält),
2-3 EL feiner Apfelessig,
3-4 EL Apfelgelee,
grober weißer Pfeffer,
1 EL mittelscharfer Bautzener Senf,
Zucker nach Geschmack

Öl erwärmen und der Reihe nach die Zwiebel- und die Apfelwürfel darin anschwitzen, ohne Farbe zu geben. Nun den Rest der Zutaten dazu und nochmals kurz aufkochen, abschmecken und in Gläser füllen. Das Relish hält sich im Kühlschrank ca. 8-12 Tage.
Auch eine ideale Dipsauce zu Fondue, Käse, Geflügel und Wild.

Kasseler Rippenspeer

Benannt nach dem Berliner Fleischermeister Cassel aus der Potsdamer Str. 15 in Schöneberg.
Was hat er eigentlich getan? Er hat einen geräucherten Schweinerücken in Salzlake eingelegt.

Ca. 1 kg Kasselerkotelett
(vom Fleischer auslösen und
Knochen kleinhacken lassen),
1 kleines Suppengrün,
1/4 l Brühe oder brauner Bratenfond,
1 EL Kartoffelstärke, 100 ml Rotwein

Dem ausgelösten Fleisch die dicke Rükkensehne abschneiden und dann mit der Fettseite nach unten in eine Schmorpfanne legen. Knochenstücke und geputztes, grob zerkleinertes Suppengrün einstreuen, mit Wasser oder Brühe angießen. Im Ofen ca. 40-50 Minuten schmoren lassen. Fleisch herausnehmen und warm stellen. Bratenfond aufkochen. Die Kartoffelstärke in den Rotwein einrühren und in den Fond geben, damit leicht binden und die Sauce passieren. Fleisch in 1-2 cm dicke Scheiben schneiden und mit der Sauce überziehen.
Ideale Beilage: Sauerkraut oder Rotkohl und Salzkartoffeln, aber auch Grünkohl oder grüne Bohnen schmecken dazu.

Schweinekamm mit Schmorgurken

Ca. 800 g Schweinekamm ohne Knochen,
Salz, Pfeffer, etwas Knoblauch,
Kümmel, Majoran,
1 kleines Suppengrün,
1 Flasche Weißbier (0,33 l),
1 kg Landgurken,
50 g magerer Speck,
50 g Butterschmalz,
2 Tomaten (ohne Kerne),
1 EL Zucker,
weißer Pfeffer,
2-3 EL Essig,
1/8 l Fleischbrühe,
2 EL Kartoffelmehl,
2 EL geschnittener Dill

Schweinekamm mit allen Gewürzen gut einreiben und mit 1/2 Tasse Wasser in einer Schmorpfanne mit dem vorbereiteten und grob zerkleinerten Suppengrün ansetzen. Nach und nach mit dem Bier während des Schmorens ablöschen. Schmorzeit ca. 1 1/2-2 Stunden.

Zwischenzeitlich die Gurken schälen, halbieren und Kerne ausschaben, in 2-3 cm dicke Stücke schneiden, salzen und ca. 20 Minuten ziehen lassen. Die Speckwürfel in dem Butterschmalz anbraten, danach die Gurkenstücke und abgezogenen Tomaten zugeben, und anbraten, mit Zucker, Pfeffer und Essig würzen und mit der Fleischbrühe auffüllen. Ca. 10 Minuten köcheln lassen und den Fond mit 1 EL eingerührtem Kartoffelmehl binden. Den garen Schweinekamm aus dem Fond nehmen und warm stellen. Den Fond mit 1 EL angerührtem Kartoffelmehl binden. Die Sauce passieren und über das geschnittene Fleisch gießen.

Ideale Beilage: Kartoffeln oder Klöße. Dazu trinkt man einen gut gekühlten Cottbusser Korn.

Berliner Hühnerfrikassee

(für 6-7 Personen)

Vielfach nachgekocht, aber gewiß nicht so, wie ich es Ihnen hier vorstelle – ein anspruchsvolles Rezept.

1 Suppenhuhn (ca. 1,5-2 kg),
1 kleine Kalbszunge (ca. 300-400 g),
Salz, 1 frisches Suppengrün,
2 Lorbeerblätter,
4-6 Pimentkörner,
200-250 g Kalbsbries
(beim Schlachter bestellen),
1/2 kg frischer Spargel (Beelitzer),
250 g Champignons,
100 g Butter,
1/8 l trockener Weißwein,
50 g gekochte Morcheln,
40 g Mehl (2-3 EL),
Saft von 1 Zitrone,
Worcestershiresauce,
24 gegarte Krebsschwänze,
1/4 l frischer Rahm,
3 Eigelb,
2 EL Kapern

Das Suppenhuhn mit der Kalbszunge in Salzwasser ansetzen, nach dem ersten Abschäumen, das geputzte Suppengrün und die Gewürze zugeben. Das fertig gegarte Suppenhuhn und die Zunge aus der Brühe nehmen, in kaltes Wasser legen. Die Zunge abziehen und das Huhn entbeinen. Jetzt das Kalbsbries ca. 20-30 Minuten garen. Alles in grobe Stücke schneiden.
Den Spargel schälen, in Stücke schneiden und in der Hühnerbrühe abkochen, herausnehmen. Champignons waschen und vierteln und in ca. 30 g Butter anschwitzen, salzen, mit 2 EL Weißwein ablöschen. Morcheln in kaltem Wasser einweichen und ebenso vierteln.
Die restliche Butter im Topf zerlaufen lassen, mit dem Mehl anstäuben und eine Mehlschwitze herstellen, mit 3/4 l heißem Fond aufgießen, glattrühren und ca. 10 Minuten auskochen lassen. Die Sauce kräftig mit Zitronensaft, Salz und Worcestershiresauce abschmecken. Danach Hühnerfleisch, Zunge, Spargel, Pilze und Krebsschwänze zugeben, alles vorsichtig vermischen. In einem Teil der Sauce den Rahm und die Eigelb verrühren, den restlichen Weißwein zugeben. Alles in das Frikassee einrühren. Zum Schluß die Kapern und das Kalbsbries dazu und würzig nachschmecken.
Ideale Beilage: Butterreis und als Garnitur gekaufte Fleurons (gebackene Blätterteighalbmonde).

Das Kalbsbries ist das i-Tüpfelchen für besondere Genießer.

Bollenfleisch

750 g Hammelfleisch
(Keule, Blatt oder Schulter),
400 g Zwiebeln,
1 EL Kümmel,
1 Knoblauchzehe,
Salz, Pfeffer aus der Mühle,
2 EL Schmalz,
etwas Mehl

Das vorbereitete Fleisch mit 150 g Zwiebeln, dem Kümmel, der Knoblauchzehe und dem Pfeffer in Salzwasser garkochen.
Die restlichen Zwiebeln in Scheiben schneiden und im Schmalz andünsten, aber nicht bräunen. Mit etwas Mehl bestäuben und mit der Kochbrühe auffüllen. Zur Sauce kochen, mit Salz und Pfeffer abschmecken.
Das Fleisch in Scheiben schneiden und in der Sauce anrichten.
Ideale Beilage: Kartoffelbrei, Senfgurke und Rote-Rüben-Salat.

Kümmelfleisch mit Bier

75 g Speck,
4 Zwiebeln,
1 TL Kümmel,
600 g Schweineschulter,
Salz, Paprika,
1/2 l saure Milch,
2 Scheiben Schwarzbrot,
Zucker,
Senf,
1/4 l helles Bier

Den Speck in Würfel schneiden und auslassen. Die Zwiebeln schälen, in grobe Würfel schneiden und darin anschwitzen. Einen Teelöffel gehackten Kümmel dazugeben.
Die Schweineschulter in mundgerechte Stücke schneiden, mit Salz und Paprika würzen und im eigenen Saft gardünsten lassen. Mit Saurer Milch auffüllen, mit gehacktem Schwarzbrot binden und mit Zucker und Senf abschmecken. Zuletzt das Bier zugeben – dann aber nicht mehr kochen lassen.
Ideale Beilage: Gekochte Klöße und grüner Salat.

Schlesisches Himmelreich

Diese etwas ungewöhnliche „Gerichtkomposition" brachten die sogenannten Zugereisten mit ins Berliner Land.

Ca. 500 g gemischtes Backobst (Äpfel, Birnen, Pflaumen, Aprikosen u. a.),
1 kleine Stange Zimt,
1 TL abgeriebene Zitronenschale (unbehandelt),
1 EL Kartoffelstärke,
500 g magerer Speck,
1 kg gekochte Kartoffeln,
3-4 Eier,
Salz, etwas Muskat,
3-4 EL Semmelmehl (zum Binden),
100 g Weißbrot, 80 g Butter

Backobst in ca. 1 l Wasser einweichen und mit dem Zimt und der Zitronenschale ca. $1/2$ Stunde kochen lassen. Die Kartoffelstärke in 3 EL kaltem Wasser anrühren und damit den Backobstfond binden. Den in Wasser weichgekochten Speck in Scheiben schneiden und in tiefen Tellern anrichten.
Die durchgepreßten Kartoffeln mit Eigelb, Salz, Muskat und Semmelmehl zu einer festen Masse kneten. Weißbrot in Würfel schneiden und in Butter rösten (Croutons). Diese unter die Masse mischen und kleine Klöße (ca. Eßlöffelgröße) formen. Die Klöße abkochen und unter das zubereitete Backobst heben, alles gut abschmecken und zusammen auf den Tellern servieren.

Schustertopf „Alt-Berlin"

Ein feines Essen aus Berlin und dem Umland.

500 g Schweineschulter,
50 g Butterschmalz,
Salz, weißer Pfeffer aus der Mühle, etwas Majoran,
1 Messerspitze gemahlener Kümmel,
1 große Zwiebel,
500 g Kartoffeln,
500 g frisches Spreewälder Sauerkraut,
4 Wiener Würstchen,
$1/4$ l Brühe (auch Brühpulver)

Schweinefleisch in Würfel schneiden, in dem Butterschmalz anbraten, gut würzen, der Reihe nach die Zwiebel- und die Kartoffelwürfel, das geschnittene Sauerkraut und die in Stücke geschnittenen Wiener zugeben. Mit der Brühe angießen und ca. $3/4$ Stunde im Ofen kochen

lassen. Aus dem Ofen nehmen, nachschmecken und im Gargefäß auf den Tisch bringen.
Ideale Beilage: Stampfkartoffeln und saure Gurken, zum Verdauen einen eisgekühlten Cottbusser Korn.

Ein Spruch aus dem Spreewald:
„Wat klärt den Kopp bei Mann und Frau, das sind saure Jurken aus Lübbenau".

Feines Sauerkraut „Preußische Art"

100 g Bruststpeck,
1 große Zwiebel,
750 g feines Spreewälder Sauerkraut,
1 kleiner säuerlicher Apfel (geschält),
6 Wacholderbeeren,
$^1/_4$ l Rinderbrühe,
4 Schmetterlingssteaks
aus dem Schweinekamm,
Salz, Pfeffer,
2 EL Öl,
$^1/_4$ l Schlagsahne,
$^1/_4$ l Rahmsauce

Gewürfelten Speck in einer tiefen Pfanne auslassen, die Zwiebelwürfel zugeben, alles schön hellbraun ausbraten. Das Sauerkraut, die Apfelwürfel und die Wacholderbeeren zugeben. Mit der Rinderbrühe aufgießen und ca. $^1/_2$ Stunde kochen lassen. Mittlerweile die Steaks würzen und in dem heißen Öl je 4-5 Minuten von beiden Seiten braten.
Steaks auf das Sauerkraut legen. Den Bratensatz mit der Schlagsahne ablöschen, abkochen und in diesen Sud die Rahmsauce mischen. Aufkochen und die Sauce durch ein Sieb auf das Sauerkraut gießen. Noch ca. 10 Minuten kochen lassen.
Dazu empfehle ich: Berliner Schusterjungs – Brötchen aus Brotteig.

Schmetterlingssteaks

Etwas dickere Steaks aus Schweine- oder Rinderhüfte, Rumpsteak oder auch Wild. Bei einer Dicke von ca. 4-5 cm quer einschneiden, nicht durchschneiden und aufgeklappt braten oder grillen. Sieht gebraten wie Schmetterlingsflügel aus.

Extra große Brandenburger Kohlroulade in Kümmel-Speck-Sauce

In Brandenburg Krautwickel und in Berlin Kohlroulade genannt. Allemal gefüllt mit extra feinem Hackfleisch und ummantelt mit Weißkohl oder dem etwas kräftiger schmeckenden Wirsing.

1 mittelgroßer Weißkohl,
Salz, Pfeffer,
2 TL Kümmel,
2 Scheiben Vollkornbrot,
je 250 g Rinder- und Schweinehackfleisch,
1 mittelgroße Zwiebel,
2 Eier,
2 EL Semmelmehl,
edelsüßer Paprika,
80 g Brustspeck,
1 EL Tomatenmark,
1/4 l dunkler Märkischer Landmann (Bier),
100 ml Krautbrühe,
100 ml Rinderbrühe,
1 EL brauner Soßenbinder,
1/8 l saure Sahne

Den Kohlkopf um den Strunk herum tief einschneiden und herausstechen. 2-3 l Wasser mit 2-3 TL Salz zum Kochen bringen, 1/2 TL Kümmel dazugeben und ebenso die Vollkornbrotscheiben. Den Kohlkopf mit dem ausgestochenen Strunk nach unten ins Kochwasser legen und ca. 20 Minuten kochen. Herausnehmen, abtropfen lassen und die Blätter vorsichtig lösen. Pro Roulade 3-4 Blätter übereinander legen, mit Salz, Pfeffer und Kümmel würzen.
Aus Hackfleisch, feingehackten Zwiebelwürfeln, Eiern, Semmelmehl und den Gewürzen eine Fleischmasse herstellen, abschmecken. Pro Portion ca. 150 g auf die Kohlblätter geben und alles fest zusammendrücken. Eventuell mit einem Faden zusammenbinden.
Speckwürfel in einer Schmorpfanne ausbraten, die Kohlrouladen hineinlegen, schön braun braten, Tomatenmark gleichmäßig verteilen, mit dem Bier und der Brühe ablöschen. Ca. 20-30 Minuten im Ofen schmoren. Danach die Kohlrouladen herausnehmen, den Bratenfond binden und alles zusammen aufkochen, nachwürzen. Zum Schluß die saure Sahne unterrühren.
Ideale Beilage: mehligkochende Salzkartoffeln.

Holsteiner Schnitzel

Es ist authentisch, das Holsteiner Schnitzel hat nichts mit Schleswig-Holstein zu tun, sondern es wurde im Restaurant Borchhardts „geboren".
Friedrich von Holstein, die „Graue Eminenz" in der Regierung Bismarcks mit dem Ruf, ein „politischer Intrigant" zu sein, hatte nie Zeit. So speiste er oft im bekannten Restaurant Borchhardt und ließ sich Vorspeisen (Schnittchen) und Hauptgang (Kalbssteak) gleich auf einer Platte servieren.
So erhielt dieses nicht gerade „arme Gericht" seinen Namen, das „Holsteiner Schnitzel".

4 Kalbsschnitzel (ca. à 150 g),
Salz, weißer Pfeffer aus der Mühle,
3 EL Mehl,
80 g Butterschmalz,
4 Eier,
60 g Butter,
12-16 Stück Kapern,
6 halbe Weißbrotscheiben,
4 Scheiben Räucherlachs,
4 Stück Ölsardinen,
2 gekochte Eier,
4 Sardellenfilets,
4 Kopfsalatblätter
Petersilie, Dill

Kalbsschnitzel würzen, mehlieren und in dem Butterschmalz beidseitig je 3-4 Minuten braten. Die Schnitzel herausnehmen, in dieser Pfanne und 20 g Butter dann die Eier braten und auf die Kalbsschnitzel legen, mit den Kapern bestreuen.
Weißbrotscheiben in der restlichen Butter toasten und je Stück Toast mit Räucherlachs, Ölsardine, Eischeiben, Sardellenfilet auf Kopfsalatblättern belegen. Diese Toastbrotecken mit auf die Platte der Schnitzel legen und mit Petersilie und Dill garnieren.
Dazu Bratkartoffeln, rote Beete und grüne Bohnen servieren.

Gekochte Lammschulter „Barnimer Art“

(für 5-6 Personen)

Gekochte Lammschulter in Meerrettichsauce mit feinen eingelegten Gurken, bestimmt etwas gewagt, schmeckt aber sehr gut.

1,5 kg Lammschulter mit Knochen,
2-3 große Zwiebeln,
Salz,
weißer Pfeffer aus der Mühle,
2-3 Knoblauchzehen,
2 TL Kümmel,
100 g Butter,
50 g Mehl,
1/4 l Gurkenlake,
2 EL gehackte Kräuter,
500 g einfache Spreewälder Gurken,
2-3 EL geraspelter Meerrettich

Lammschulter in mittelgroße Stücke schneiden und mit den Zwiebelscheiben in reichlich Wasser ansetzen, Gewürze zugeben. Bei schwacher Hitze ca. 90 Minuten kochen lassen.
Die Butter in einem Topf schmelzen, das Mehl einstreuen und alles hellbraun anschwitzen. Das Fleisch aus dem Fond nehmen, die Schwitze mit 1/2 l Brühe und 1/4 l Gurkenlake auffüllen, glattrühren und ca. 10 Minuten kochen lassen. Jetzt das Fleisch und die gegarten Zwiebeln unterheben, mit Kräutern und zum Schluß Spreewaldgurkenwürfeln vermischen. Bei schwacher Hitze ca. 10 Minuten garziehen, abschmecken und mit dem Meerrettich vollenden.
Ideale Beilage: Salzkartoffeln und Gurkensalat.

Berliner Schnitzel mit Teltower Rübchen

Eine besondere Schnitzelart aus dem alten Berlin, und zwar aus gekochtem paniertem Kuheuter. Ende des 19. Jahrhunderts in keiner Berliner Destille wegzudenken, angelehnt an das Rezept aus Sophie Wilhelmine Scheiblers „Allgemeines Deutsches Kochbuch für bürgerliche Haushaltungen“ aus dem Jahre 1835.

1 kg Kuheuter,
Salz, weißer Pfeffer,
1 Suppengrün,
2-3 EL Mehl,
2 Eier, 150 g Semmelmehl,
40 g Öl, 40 g Butter,
600 g Teltower Rübchen,
etwas Zucker,
etwas Muskatnuß

Das gut gewässerte Kuheuterstück in reichlich Salzwasser ansetzen, Kochschaum entfernen, dann das geputzte Suppengrün zugeben und ca. 2-3 Stunden kochen lassen. Das Euter herausnehmen, abkühlen lassen und in Scheiben schneiden. Mit Salz und Pfeffer würzen, mehlieren, durch geschlagenes Ei ziehen, in Semmelmehl wälzen und fest andrücken. Anschließend in heißem Öl von beiden Seiten schön knusprig braten, zum Schluß 10 g Butter zugeben und nachbraten.
Teltower Rübchen putzen, waschen, schälen und in Salzwasser ankochen, herausnehmen, in Eiswasser abschrekken und anschließend in der restlichen Butter anschwitzen, würzen.

Statt Tellower Rübchen können auch Navetten oder Gatower Kugeln aus der gleichen Pflanzenfamilie verwendet werden.

Rixdorfer Bierbrauer-Hacksteak

Dieses Gericht entstand um die Rixdorfer Brauereien, in denen statt der Bulette oft Hacksteak angeboten wurde. Es war extra groß, mindestens 200 g schwer.

800 g Schweinehackfleisch,
2 altbackene Schrippen,
2 Eier,
2 EL gehackte Kräuter,
etwas Estragon,
3 Zwiebeln,
Salz, schwarzer Pfeffer,
1 Prise Muskat,
4 EL Semmelmehl,
50 g Butterschmalz,
1 kleine Flasche Pilsner Bier,
100 ml Instant-Fleischbrühe,
1/2 TL Zucker

Das Hackfleisch mit den in Bier eingeweichten und ausgedrückten Schrippen, den Eiern, den Kräutern, Zwiebelwürfeln von 1 Zwiebel und den Gewürzen gut vermengen. Die Masse zu flachen Hacksteaks formen und in Semmelmehl wälzen, dann in dem Butterschmalz ca. 6 Minuten von jeder Seite braten.
Anschließend aus den restlichen Zwiebeln Scheiben schneiden und zugeben, danach mit dem Bier ablöschen. Ist das Bier fast eingekocht, die Fleischbrühe und den Zucker zumischen und noch ca. 5 Minuten auf kleiner Flamme kochen lassen.
Das Gericht wurde oft mit Brot, Schrippe oder Schusterjungs serviert.

Geflügel- und Wildgerichte

„Eene jutgebratene Jans
ist ne jute Jabe Jottes"

Hier gleich zwei Empfehlungen, dem Rezept für „Anfänger" folgt eins für „Könner" oder „Fortgeschrittene".

Gans im Römertopf

(für Anfänger)

1 junge Hafermastgans (ca. 2,5 kg),
Salz, Pfeffer aus der Mühle,
750 g Rotkohl,
2 Zwiebeln, 2 Äpfel,
3-4 EL Balsamico-Essig,
4 Gewürznelken,
1/4 l trockener Rotwein

Die Gans innen und außen gut mit Salz und Pfeffer würzen. Den Römertopf ca. 20 Minuten in kaltes Wasser stellen. Danach in den Römertopf der Reihe nach Rotkohlstreifen, Zwiebel- und Apfelscheiben legen, darauf Balsamico-Essig und Gewürznelken. Die Gans in den Rotkohl drücken, dabei die Brustseite nach oben legen. Mit dem Rotwein begießen, abdecken und in den kalten Ofen schieben, die Röhre auf 220 °C erhitzen – und nach 2 1/4 Stunden ist schon alles fertig! Es braucht keine weitere Betreuung. Zwischenzeitlich kann man sich schon einen Schoppen Rotwein genehmigen.

Gänsebraten für „Fortgeschrittene"

(für ca. 5-6 Personen)

1 Gans (ausgenommen ca. 3-4 kg, aus dem Oder-Havel-Land),
Salz, Pfeffer aus der Mühle,

1 EL gerebelter Beifuß,
2 Äpfel (Boskop; ohne Kerngehäuse),
2 Zwiebeln,
4-6 Salbeiblätter,
1/8 l Portwein,
1 EL Honig,
1 EL Kartoffelmehl
<u>Für die Füllung:</u>
3 große Zwiebeln,
3 Äpfel,
1 Gänseleber,
1 EL Beifuß,
6 EL Semmelbrösel,
100 g Backpflaumen,
1 EL Senf, 1 EL Zucker,
1 TL Salz, 1/2 TL weißer Pfeffer,
1 Prise Cayennepfeffer

Die Gans gut waschen, innen und außen trocken reiben, würzen. Für die Füllung mittelgroß geschnittene Zwiebeln, grob geschnittene Äpfel, grob geschnittene Leber und restliche Zutaten gut vermischen. Alles in den Bauchhohlraum der Gans geben und eventuell zunähen.
Die Gans mit der Brust in einen Bräter legen mit ca. 1 l Wasser angießen und im Ofen abgedeckt ca. 1 Stunde bei ca. 180-220 °C schmoren. Beim anfänglichen Braten die Apfelviertel, grobe Zwiebelstücke und Gewürze zugeben. Nach ca. 1 Stunde wenden und nochmals 2 Stunden ohne Deckel schmoren lassen, zwischendurch immer wieder mit dem Portwein und ca. 1/2 l Wasser begießen, das Gänsefett abschöpfen. Zum Schluß mit dem Honig bepinseln.
Gans aus der Pfanne nehmen und warm stellen. Den Fond aufkochen und mit dem in kaltem Wasser angerührtem Kartoffelmehl binden. Sauce durchkochen und beiseite stellen.
Die Gans völlig entbeinen und auf einer Platte anrichten. Knochen in die Sauce geben, noch ca. 1/2 Stunde kochen lassen, eventuell etwas Wasser zugießen. Die Sauce passieren und separat zur Gans reichen.
<u>Als Beilage:</u> u. a. Grünkohl, Rotkohl, Apfel mit Preiselbeeren.

Glacierte Fasanenbrust in Rotweinfond mit feinen Maronen

4 Stück Fasanenbrust mit Knochen,
2-3 EL Öl,
50 g fetter Speck,
2 Zweige frischer Thymian,
je 1 EL gehackter Sellerie,
Porree- und Karottenscheiben,
1/8 l trockener Rotwein,
200 ml Wildgeflügelfond,
Salz, weißer Pfeffer aus der Mühle,

1 EL Honig,
400 g frische Maronen,
40 g Butter,
400 g Rosenkohl,
30 g Butterschmalz,
Salz, weißer Pfeffer,
etwas Muskat,
1 EL süße gehobelte Mandeln

Die Fasanenbrust auslösen. Die anfallenden Knochen klein hacken, mit Öl, gewürfeltem Speck, Thymian und Gemüse anbraten, mit dem Rotwein ablöschen und mit dem Geflügelfond vollenden, ca. 1/2 Stunde kochen lassen.
Die Fasanenbrust würzen und mit dem Honig einreiben, auf die Knochen legen und im Ofen ca. 10 Minuten garen. Brust sollte innen rosa bleiben, dann herausnehmen und warm stellen. Den Fond passieren.
Separat die geputzten Maronen und den geputzten und blanchierten Rosenkohl in der Butter anschwenken, würzen und mit den restlichen Zutaten vollenden.
Die Fasananbrust schräg tranchieren, zusammen mit dem Gemüse auf Tellern anrichten, mit dem Rotweinfond untersaucieren.

Gepökelte Jungmastentenkeulen mit Teltower Rübchen

Früher wurde zu reichlich anfallendes Schlachtgut beim Entenschlachten im Oderhaff durch Pökeln haltbar gemacht.

Zum Pökeln:
1 Zwiebel,
2-3 EL Pökelsalz (beim Schlachter besorgen),
1 EL Zucker, 1/2 TL Majoran,
6-8 Entenkeulen,
50 g Butterschmalz,
1 kleines Suppengrün,
1/4 l Fleischbrühe,
1 EL Kartoffelmehl,
ca. 1 kg Teltower Rübchen (Navetten oder Gatower Kugeln),
1 Zwiebel,
50 g Butter,
1 EL Beifuß,
weißer Pfeffer aus der Mühle,
1/2 EL Zucker,
Salz, etwas Muskat

1 l Wasser mit grob geschnittener Zwiebel, Pökelsalz, Zucker und Majoran aufkochen, erkalten lassen und darin die geputzten Entenkeulen 2-3 Tage pökeln, herausnehmen und abtupfen.
Butterschmalz erhitzen und die gepökelten Keulen anbraten, von beiden Seiten

schön braun braten, dabei das Suppengrün (vorsichtig mit der Möhre!) zugeben und mitbraten. Alles herausnehmen und in der Fleischbrühe mit etwas Wasser garziehen lassen – ca. 1 Stunde.
In den Bratenfond nochmals die Keulen legen sowie das Suppengrün, das Kartoffelmehl vorsichtig einrühren, kurz aufkochen und garziehen lassen.
Zwischenzeitlich das Gemüse putzen, waschen und blanchieren. Anschließend im Eiswasser abschrecken, trocknen und in der Butter anschwitzen, würzen.
Dazu Salzkartoffeln servieren.

Gefüllte Masthähnchenbrust mit Beelitzer Spargelspitzen, Karotten und Rieslingschaum

Ein wunderbares Gericht, besonders in der frühlingshaften Spargelzeit von Mai bis Mitte Juni.

4 Hähnchenbrüste
(mit Haut, ohne Knochen),
2 Schalotten,
100 g Geflügelleber,
100 g Champignons,
50 g Butter,
200 ml trockener Rieslingwein,
Salz,
weißer Pfeffer aus der Mühle,
200 g rohes feines Bratwurstbrät,
1 kg Stangenspargel,
1 Bund Karotten,
30 g Butter
Für den Rieslingschaum:
1 Eigelb, 1 Ei,
2-3 EL Bratenfond,
200 ml Riesling,
etwas Salz,
weißer Pfeffer,
etwas Zucker,
1/4 l Schlagsahne,
je 1 EL feinwürflig geschnittene
Möhre, Sellerie und Porree,
etwas Knoblauchsalz

Die Hähnchenbrüste waschen, trocken tupfen und mit einem spitzen Messer eine Tasche einschneiden.
Die fein gewürfelten Schalotten, die Geflügelleber und die mittelfein gewürfelten Champignons in etwas Butter anbraten, mit der Hälfte des Rieslings ablöschen, einkochen lassen, mit Salz und Pfeffer würzen, abkühlen. Diese Masse unter das Bratwurstbrät mischen und mit einem Spritzbeutel in die Hühnerbrusttaschen spritzen, eventuell mit einem Spießer zustecken.
Mit dem Rest der Butter die gewürzten Hähnchenbrüste anbraten, von allen Seiten schön braun werden lassen, mit dem

restlichen Riesling ablöschen und abgedeckt ca. 20-25 Minuten garziehen lassen.
Zwischenzeitlich den geschälten Spargel und die geputzten Karotten getrennt blanchieren, in Eiswasser abschrecken und abtropfen lassen.
Die fertig gegarten Hähnchenbrüste aus dem Fond nehmen und warm stellen.
Für den Rieslingschaum Eigelb, Ei, 2-3 EL Bratenfond, 200 ml Riesling mit den Gewürzen im Wasserbad aufschlagen bis alles schön cremig ist, lauwarm halten und die geschlagene Sahne vorsichtig untermischen, warm stellen.
Das Gemüse im Fond nochmals erwärmen, herausnehmen und auf dem Servierteller anrichten, mit etwas Butter beträufeln.
Die Hühnerbrust in 3 gleichmäßige Tranchen schneiden und anrichten.
Die blanchierten Gemüsewürfel unter die Schaumsauce mischen, abschmekken und ein Teil zum Untersaucieren nehmen. Den Rest in einer Sauciere zu Tisch bringen.
Ideale Beilage: kleine gebutterte Petersilienkartoffeln.

Die Wälder um Berlin bieten eine Vielzahl von Wild, Wildfrüchten und Pilzen, die den Speisezettel bereichern.

Rehrücken mit Balsamico-Essig, Pfifferlingen und blauen Zwiebeln

1 Rehrücken (ca. 1,5 kg),
2-3 EL Öl, Salz,
etwas Pfeffer aus der Mühle,
1/2 TL gedrückte Wacholderbeeren
Für den Wildfond:
500 g Reh-Parüren
(Sehnen, Abschnitte, Knochen),
2-3 EL Öl,
100 g Röstgemüse (Zwiebel, Sellerie, Porree – grob gewürfelt)
1/2 EL Tomatenmark,
1/4 l trockener Rotwein,
15 Wacholderbeeren,
1-2 Lorbeerblätter,
Salz, Pfeffer
Für die Wildsauce:
20 g Butter,
1 EL Zucker,
200 ml trockener Rotwein,
5 cl Balsamico-Essig
Für die Beilage:
600 g Pfifferlinge,
2-3 blaue Zwiebeln,
2 EL gehackte Schalotten,
50 g Butter,
Salz,
Pfeffer,
2 EL gehackte Kräuter

Den Rehrücken zuerst auslösen, von allen Sehnen befreien und parieren, die Rückenstränge mit dem Öl und den Gewürzen einreiben und abgedeckt ca. 2-3 Stunden im Kühlschrank ruhen lassen.
Für den Wildfond die feingehackten Knochen und Parüren in dem Öl schön braun anbraten, Röstgemüse und Tomatenmark zugeben, alles mitrösten, mit dem Rotwein ablöschen und etwa 1/4 l Wasser zugießen, mit den Gewürzen ca. 1 Stunde kochen lassen, danach passieren und beiseite stellen.
Für die Sauce: Butter erhitzen, Zucker leicht karamelisieren lassen, mit Rotwein ablöschen und mit Balsamico-Essig vollenden, ca. $^1/_2$ l Wildfond zugeben und auf ca. 300 ml einkochen lassen, abschmecken und beiseite stellen.
Die gewaschenen und geputzten Pfifferlinge kurz blanchieren, herausnehmen und abtropfen lassen. Die Zwiebelsegmente in Butter anschwitzen, die Pfifferlinge zugeben, würzen, mit 2-3 EL Wildsauce ablöschen, durchschwitzen.
Das Rehrückenfilet im Ofen ca. 8-10 Minuten schön anbraten, 2-4 EL Bratensauce zugießen, Energie abschalten und ca. 4 Minuten ruhen lassen, tranchieren. Anschließend mit dem Konfit und der Sauce zu Tisch bringen.
Ideale Beilage: Mandelkroketten oder auch ein Lauch-Kartoffel-Gratin.

Konfit
ist aus dem Namen „Konfekt" abgeleitet. Es gilt in der feinen Küche als besondere Beilage aus 2-3 Rohstoffen, die in mittelgroße Stücke (Segmente) geschnitten, in Butter angeschwitzt, mit Zucker karamelisiert und mit wenig Flüssigkeit, meist Wein, abgelöscht und bißfest gegart werden.

Hasenkeulen mit Backpflaumen und buntem Linsengemüse

4 Hasenkeulen,
6 EL Öl,
Salz,
Pfeffer,
3-4 zerdrückte Wacholderbeeren,
500 g Hasenknochen
(Hals, Rippen, Sehnen),
1 Zwiebel,
100 ml trockener Weißwein,
100 g braune Linsen,
100 ml Crème fraîche,
100 g Backpflaumen (ohne Stein),
2 EL Porreewürfel,
2 EL Sellerieknollenwürfel,
2 EL Zwiebelwürfel,
$^1/_2$ TL Rosmarinnadeln

Die Hasenkeulen entsehnen und den Schlußknochen auslösen, mit Öl einreiben, würzen und abgedeckt ruhen lassen.
Hasenknochen in 3 EL Öl anbraten, Zwiebelwürfel zugeben und mit dem Weißwein ablöschen. Danach ca. 1/2 l Wasser zugießen und ca. 1 Stunde kochen lassen, passieren und den Fond vorerst beiseite stellen.
Inzwischen Linsen waschen und je Sorte nach Rezeptvorlage bereiten, abgießen und beiseite stellen.
Die Hasenkeulen anbraten und mit dem bereiteten Fond ablöschen, im Ofen ca. 1 Stunde garen. Danach Keulen anstechen (Garprobe), dem Bratenfond die Crème fraîche und die Backpflaumen zugeben, aufkochen lassen.
Die Linsen mit den Gemüsewürfeln in der Butter anschwitzen, würzen.
Hasenkeulen und Linsengemüse auf Tellern anrichten.
<u>Ideale Beilage:</u> Schupfnudeln oder Spätzle. Dazu paßt ein mittelschwerer trockener Rotwein.

Gefülltes Rebhuhn auf Wein-Apfel-Sauerkraut

In den Küchen der Höfe und Paläste waren Rebhühner eine besondere Delikatesse auf dem herbstlichen Speisezettel, Kenner und Genießer schätzten sie. Dieses Rezept entstammt einem alten Kochbuch und Aufzeichnungen aus Sanssouci. Schon Adolph Menzel hat Tafelrunden Friedrich des Großen bildlich festgehalten.

4 Rebhühner (küchenfertig,
mit Innereien Leber, Magen, Herz),
Salz, weißer Pfeffer,
2 Schrippen,
2 Steinpilze (ca. 200 g),
1 EL gehackte Petersilie,
1 Ei, 2-3 Schalotten,
1/4 l Madeira oder Portwein,
4-6 dünne Scheiben fetter Speck
(á 30 g),
50 g Butter, 1/4 l einfache Brühe,
je 1/2 EL gedrückte Pfefferkörner
und Wacholderbeeren,
1 EL Kartoffelmehl,
je 1 TL Zitronensaft und Sherryessig,
1-2 EL Butter

Die küchenfertigen Rebhühner nur mit einem Tuch ausreiben, etwas salzen und pfeffern. Aus den kleingeschnittenen

Schrippen, den geschnittenen Steinpilzen, den zerkleinerten Innereien, der Petersilie, dem Ei, den Schalottenwürfeln und mit 2-3 EL Madeira eine Füllung herstellen, würzen, alles in die Körper fest eindrücken und mit den Speckstreifen fest umwickeln.

Diese so vorbereiteten Rebhühner in der Butter schön braun anbraten, sobald der Bratensatz bräunt, mit etwas Brühe oder Wasser und einem Teil des Madeiras ablöschen. Nun die restlichen Gewürze zugeben und ständig wiederholend begießen.

Die Rebhühner brauchen ca. 45-50 Minuten Garzeit. Den Bratensatz nochmals mit dem Rest Madeira ablöschen, jetzt die Rebhühner herausnehmen und warm stellen. Den Bratensatz mit dem eingerührten Kartoffelmehl leicht binden, Sauce passieren und mit Salz, Pfeffer, Zitrone und Essig abschmecken. Zum Schluß die kalte Butter unterschlagen.

Rebhühner halbieren, mit Wein-Apfel-Sauerkraut und der Sauce extra reichen.

Wein-Apfel-Sauerkraut

500 g Sauerkraut,
1 kleiner säuerlicher Apfel,
400 g helle Weintrauben,
50 g Schmalz,
je 1 EL feine Möhren- und Zwiebelstreifen,
1 TL Zucker, 1/8 l trockener Weißwein

Sauerkraut, kleingeschnittenen Apfel, halbierte und entkernte Weintrauben zusammen mit den anderen Zutaten zum Kochen bringen, max. 30 Minuten garen, abschmecken und dann zum Rebhuhn anrichten.

Ebenso ideale Beilage: Selleriepüree und bunte Linsen, Salat von Selleriestreifen mit reichlich Weinbeeren.

Roulade aus der Hirschkeule mit Waldpilzen

Ein besonders feines Rezept der Brandenburger Küche für den heutigen Speisezettel.

8 Scheiben Hirschoberschale (à 75 g),
Salz, schwarzer Pfeffer
aus der Mühle,
15 Wacholderbeeren,
200 g feines rohes Bratwurstbrät,
100 g Champignons,
1 EL gehackte Pistazien,
2 mittlere Zwiebeln,
8 Scheiben magerer Speck
(à 15-20 g),
60 g Öl,
1 EL Tomatenmark,
200 ml Rotwein,
1/8 l saure Sahne,
½ l Wildfond,
1 EL Mehl,
800 g Waldmischpilze
(in der Saison frisch aus dem Wald,
gefrorene oder Konserve),
50 g Butterschmalz,
2-3 EL feingeschnittene Zwiebeln,
Salz, schwarzer Pfeffer
aus der Mühle,
1 Messerspitze gemahlener Kümmel,
2 EL gehackte Petersilie

Die Rouladenscheiben vorsichtig in Folie klopfen, auslegen und würzen. Bratwurstbrät, feingehackte Champignons, Pistazien und Zwiebelwürfel vermischen. Auf die Rouladen jeweils eine Scheibe Speck legen, darauf die Fleischmasse gleichmäßig verteilen, glattstreichen und fest zusammenrollen (eventuell zusammenbinden). Im heißen Öl rundherum schön braun anbraten, das Tomatenmark zugeben, mit dem Rotwein ablöschen. Im Ofen ca. 45-50 Minuten fertig schmoren. Die Rouladen aus dem Fond nehmen. Die saure Sahne und 2-3 EL Wasser mit dem Mehl verrühren und den Fond damit binden, durchkochen lassen und abschmecken.
Die gewaschenen und geputzten Pilze in der Zwiebelbutter anschwenken, abschmecken und zum Schluß mit reichlich gehackter Petersilie bestreuen.
Rouladen zusammen mit den Pilzen anrichten.
<u>Ideale Beilage:</u> Schupfnudeln, Spätzle oder Klöße und Quittengelee.

Wildschweingulasch mit gefüllter Birne und Champignon-Kartoffel-Gratin

Für den Gulasch:
800 g geschnittene Wildschweinschulter (3 x 3 cm),
1/2 Tasse Öl,
500 g Zwiebeln,
1 EL Tomatenmark,
1 EL edelsüßer Paprika,
Salz, schwarzer Pfeffer,
10 gedrückte Wacholderbeeren,
1 TL Rosmarinnadeln,
1/8 l Rotwein,
2 EL Mehl

Das Gulaschfleisch in dem heißen Öl schön kroß anbraten, die Zwiebelscheiben zugeben, mit anbraten und dann der Reihe nach Tomatenmark, Paprika und die restlichen Gewürze. Alles soll schön dunkelbraun sein, mit dem Rotwein ablöschen, kurz einkochen und das Mehl einstäuben und mit ca. 1/2 l Wasser auffüllen und gar kochen. Nachschmekken.

Für gefüllte Birnen mit Holunderbeeren-Gelee:
2 Birnen,
1/8 l Weißwein,
30 g Zucker,
Abgeriebenes 1 unbehandelten Zitrone,
je 1/2 Messerspitze gemahlener Zimt und Nelken,
3 Blatt rote Gelatine,
200 g frische Holunderbeeren,
1/4 l Holunderbeersaft

Die Birnen schälen, halbieren und das Kerngehäuse ausstechen.
Weißwein, Zucker, Zitronenschale und Gewürze zum Kochen bringen, darin die Birnen ca. 4 Minuten pochieren, Birnen herausnehmen, eingeweichte Gelatine, Holunderbeeren und Holunderbeersaft zugeben. Alles kurz erwärmen und anschließend kalt stellen.
Mit der erstarrten Masse die Birnen füllen und beiseite stellen. Das restliche Gelee aufheben.

Für Champignon-Kartoffel-Gratin:
600 g Kartoffeln (festkochend),
250 g weiße Champignons,
50 g Butterschmalz,
Salz, weißer Pfeffer,
100 g durchwachsener Bruststeck,
1/4 l Schlagsahne

Die geschälten Kartoffeln in 1/2 cm dicke Scheiben schneiden, Champignons putzen (nicht waschen) und ebenfalls in Scheiben schneiden. In einer gebutterten

Auflaufform 3/4 der Kartoffel- und Champignonscheiben einschichten, leicht salzen und pfeffern, ausgebratene Speckwürfel daraufgeben und nochmals mit Kartoffel- und Champignonscheiben belegen, würzen. Mit der Sahne begießen und ca. 1 1/4 Stunden bei ca. 180 °C im Ofen überbacken.
Kleiner Tip: Mit dem restlichen Holunderbeer-Gelee den Gulasch garnieren.

Wildschweinbraten „Schorfheider Art“

Ein wieder entdecktes, ganz besonderes Rezept der Schorfheide.

Ca. 1 kg Wildschweinkeule
(oder Schulter),
Salz, Pfeffer aus der Mühle,
1 EL gedrückte Wacholderbeeren,
5 EL Öl,
1/2 Suppengrün,
200 ml trockener Rotwein,
1/2 l Wild- oder Fleischfond,
1/4 l saure Sahne

Wildschweinfleisch von allen überflüssigen Sehnen und Knorpel befreien, mit den Gewürzen gut einreiben, in dem Öl in einer Schmorpfanne schön anbraten, das grob gewürfelte Suppengrün zugeben, mit dem Rotwein ablöschen, den Fond zugießen und im Ofen bei ca. 180 °C ca. 100-120 Minuten fertig garen, dabei mehrmals übergießen.
Fleisch herausnehmen und warm stellen. Fond passieren, auch das Gemüse mit durch das Sieb streichen, es bindet die Sauce. Mit dem Wein und der sauren Sahne verfeinern.
Fleisch in Scheiben schneiden, etwas übersaucieren, die restliche Sauce extra reichen.
Ideale Beilage: Waldpilze (Stein,- Butter- und Maronenpilze) und Semmel- oder Böhmische Knödel.

1997
André
Großjenaer
Blütengrund
trocken
0,75 l
LANDESWEINGUT
KLOSTER PFORTA
SACHSEN-ANHALT
D-06628 BAD KÖSEN

Berliner und Brandenburger Süßspeisen

Selbst den Berlinern sind immer wieder feine Dessertkreationen gelungen, die man heute auf den Speisekarten entdeckt.
Aus den bodenständigen Zutaten ergeben sich eine Vielzahl von delikaten Desserts, man muß nur genügend Phantasie, Ideenreichtum und etwas Wagemut mitbringen.

Berliner Luft

Die berühmte „Berliner Luft", nicht die auf den Straßen und Plätzen, sondern die, die der Patissier und die Köche ihren Gästen zelebrieren und kunstvoll anrichten. Ein wahrer Hochgenuß.

4 Eier, 100 g Zucker,
1 Päckchen Vanillezucker,
$^1/_2$ TL Abgeriebenes von
1 unbehandelten Zitrone,
$^1/_8$ l Apfelsaft oder Apfelwein,
4 cl Apfelkorn,
1 Prise Zimt,
5 Blatt helle Gelatine,
200 ml Schlagsahne,
1 Prise Salz

Eigelb, Zucker, Zitrone, Apfelsaft, Apfelkorn und Zimt im Wasserbad mittels Schneebesen dickcremig aufschlagen, die eingeweichte und gut ausgedrückte Gelatine in der heißen Ei-Apfel-Masse auflösen, alles im kalten Wasserbad kühl rühren. Wenn die Speise steif wird, dann die geschlagene Sahne und das mit Salz geschlagene Eiweiß vorsichtig unterheben und in Portionsgläser füllen.
Reichlich mit Sahne und Apfelsegmenten garnieren.

Armer Ritter

Eine einfache Süßspeise, die in der Blütezeit Berlins in keiner Kneipe fehlen durfte.
Weißbrotscheiben wurden in Milch und geschlagenes Ei getaucht und in einer Pfanne knusprig von beiden Seiten gebraten.

1/4 l Vollmilch,
2 EL Vanillezucker,
1 TL Abgeriebenes von
1 unbehandelten Zitrone,
6-8 Scheiben Weißbrot oder
Kuchenbrot mit Sultaninen,
4-5 Eier,
60 g Butterschmalz,
4 EL Zimt-Zucker

Die Milch mit dem Vanillezucker und der Zitronenschale kurz aufkochen, abkühlen und die Weißbrotscheiben damit tränken, anschließend durch geschlagene Eier ziehen und in dem Butterschmalz von allen Seiten schön braun braten.
Mit Zimt-Zucker, auch frischem Kompott oder Vanillesauce servieren.

Schlesische Mohnpielen

(für 6-8 Personen)

Als echter Berliner „Schlesier" kenne ich dieses Rezept noch aus Kindertagen, in der Vor- und Weihnachtszeit probierten wir Kinder diese traditionelle Süßspeise.

2-4 Kuchenbrötchen,
4-6 Scheiben Kastenweißbrot,
400 g gemahlener Mohn,
100 g gehobelte süße Mandeln,
150 Sultaninen, 1/2 Tasse Rum,
3/4 l Vollmilch,
100 g Zucker,
3 Päckchen Vanillezucker,
1/4 l Schlagsahne

Die Kuchenbrötchen in Scheiben schneiden. Eine Glasschüssel mit den Brotscheiben auslegen und dann weiter schichtweise gebrühten Mohn, Mandeln und in Rum eingeweichte Sultaninen einfüllen, als letzte Schicht Brot. Die Milch mit dem Zucker zum Kochen bringen und heiß in die Schüssel gießen, alles ca. 1-2 Tage abgedeckt im Kühlschrank ziehen lassen. Sollte das Brot zu trocken sein, dann nochmals mit 1/4 l Zuckerwasser begießen.
Mit der geschlagenen Sahne garnieren und mit der Vanillesauce servieren.

Berliner Pfannkuchen mit Rumfrüchten auf weißer Schokoladensauce

Pfannkuchen heißen sie nur in Berlin, im Umland und weiter weg „Berliner".

250 g Mehl,
1 Moccatasse Vollmilch,
30 g Butter,
25 g Zucker,
20 g Hefe,
1 Prise Salz,
2 Eigelb,
Öl zum Ausbacken,
1/2 Glas weißer Rum,
50 g Zucker,
1/4 l Schlagsahne,
300 g Rumfrüchte in kräftigem Fond,
80 g helle Schokolade,
200 ml Vollmilch,
2 cl Creme de Cacao, Puderzucker

Gesiebtes Mehl in eine Schüssel geben. Milch, Butter und Zucker erwärmen, darin die Hefe auflösen. Diese Mischung auf das Mehl geben, mit Salz und Eigelb ca. 5 Minuten in einer Küchenmaschine kneten, ca. 1/2 Stunde an einem warmen Ort gehen lassen. Den Teig in ca. 50 g kleine Bällchen formen und nochmals ca. 1/2 Stunde gehen lassen.

In einer Friteuse bei ca. 200 °C je Seite 3-4 Minuten ausbacken und auskühlen lassen. Rum mit Zucker mischen, Pfannkuchen halbieren und mit dem Rum-Zucker tränken, mit etwas geschlagener Sahne bestreichen und die Rumfrüchte daraufgeben.
Die Schokolade erwärmen, mit Milch auffüllen und aromatisieren. Die Sauce als

Spiegel auf Teller gießen, die Pfannkuchen daraufsetzen, mit Sahne garnieren und mit Puderzucker bestreuen.

Apfel-Charlotte mit selbstgemachtem Pflaumenmus

3 Blatt helle Gelatine,
250 g Apfelkompott,
100 g Zucker,
4 cl Calvados,
1/4 l Schlagsahne,
1/2 kleiner Biskuitboden
(ca. 12 cm Durchmesser),
1 EL Butter,
2 EL Zucker,
2 mittelgroße Äpfel,
1 EL Zitronensaft,
400 g entsteinte Pflaumen,
80 g Zucker,
1 Messerspitze Zimt,
2-3 Nelken

Gelatine in kaltem Wasser einweichen. Apfelkompott und etwas Zucker aufkochen, in der heißen Masse die ausgedrückte Gelatine auflösen und mit dem Calvados abschmecken und alles auf Handwärme abkühlen lassen. Die Sahne steif schlagen und unter die Apfelmasse heben.

Biskuitboden dritteln, eine Scheibe in eine Springform legen, die 2. Scheibe in Streifen schneiden und längs am Rand aufstecken (auskleiden). Die Apfel-Sahne-Masse in die Form geben, darauf die letzte Biskuitplatte setzen. Butter zerlaufen lassen, Zucker karamelisieren und die Apfelscheiben darin andünsten, mit dem Zitronensaft beträufeln und ziehen lassen. Die abgekühlten Scheiben fächerförmig auf dem Biskuit anrichten und mit dem Fond beträufeln. Im Kühlschrank ca. 4 Stunden ruhen lassen.
Zwischenzeitlich aus den Pflaumen mit Zucker und Gewürzen im Backofen Mus bereiten.
Vor dem Servieren die Apfel-Charlotte vierteln, auf Teller setzen, nach Belieben mit Pflaumenmus, Minze oder Melisse garnieren.

Gefüllte Bratäpfel auf Vanillesauce mit Mandel-Nuß-Eis

4 Äpfel (Boskop),
30 g Butter,
2 EL Semmelbrösel,
1 EL Aprikosenmarmelade,
1 EL Zucker,
2 EL Sultaninen,
2 EL gehackte Mandeln,
1 EL Zitronensaft,
Schlagsahne,
¼ l fertige Vanillesauce,
Eis (je Portion 75 g)

Äpfel säubern, Blüten und Stiele entfernen, Kerngehäuse ausstechen. Butter erhitzen, Semmelbrösel darin anbraten, Marmelade und Zucker zugeben, ebenso die Sultaninen und die Mandeln. Alles gut durchmischen, diese Masse in die Äpfel füllen und fest eindrücken. Die gefüllten Äpfel in eine gefettete Auflaufform setzen, mit dem Zitronensaft beträufeln und im vorgeheiztem Ofen ca. 5-8 Minuten backen. Die Äpfel können platzen. Nochmals mit etwas Zucker bestreuen und warm servieren.
Mit Schlagsahne garnieren und dazu Vanillesauce und Eis reichen–eine köstliche Kreation.

Rote Grütze mit Erdbeeren

350 g gemischte Waldbeeren (gefroren),
100 g Zucker,
1 EL Zitronensaft,
100 ml Rotwein,
40 g feiner Weizengrieß,
¼ l Schlagsahne,
200 g frische Erdbeeren (aus Werder),
4 Rauten rote Johannisbeeren,
8-12 Himbeeren,
einige Minzblätter,
Puderzucker

Die Beerenmischung mit dem Zucker bestreuen und dabei auftauen lassen. Fond über einem Sieb auffangen, diesen mit 300 ml Wasser, dem Zitronensaft und dem Rotwein zum Kochen bringen, den Grieß vorsichtig einlaufen lassen und ca. 5 Minuten kochen. Dann die Waldbeerenmischung unterrühren, kurz aufkochen und in mit kaltem Wasser ausgespülte Formen füllen. Nach dem Erstarren stürzen, mit der geschlagenen Sahne, den frischen Erdbeeren und den restlichen Früchten sowie Minzblättern garnieren. Die Früchte und den Rand mit Puderzucker bestreuen.

Rhabarberauflauf

500 g Rhabarber,
175 g Zucker,
2 EL Himbeersirup,
20 g zerlassene Butter,
8-12 Scheiben Zwieback,
3 Eier,
125 ml Schlagsahne,
1 Päckchen Vanillezucker,
60 g gehackte Haselnüsse

Den geschälten Rhabarber in Stücke schneiden, mit Zucker und dem Sirup mischen, Saft ziehen lassen und kurz ankochen. Eine Auflaufform fetten und mit dem Zwieback auslegen. Die Eigelb mit der Sahne und dem Vanillezucker verschlagen, diese Masse über die Zwiebackscheiben gießen, Nüsse darüberstreuen, die Rhabarberstücke darauflegen, das Eiweiß mit Zucker schön steif schlagen und alles auf den Rhabarber geben. Bei ca. 175 °C ca. 25 Minuten backen und so zu Tisch bringen.

Berliner Baumkuchen-carpaccio mit Mohnparfait und Orangensauce

Mit dieser besonderen Köstlichkeit können Sie ganz sicher Ihre Gäste überraschen. Eine Empfehlung auch für die Weihnachtszeit.

Ca. 250 g Baumkuchen (gekauft),
ohne Glasur und Kuvertüre,
2-3 EL Cointreau,
Orangenfilets,
Maraschinokirschen
und Minze zum Garnieren

Den Baumkuchen in 1/2 cm dicke Scheiben schneiden. Die Hälfte des Serviertellers mit Baumkuchenscheiben belegen und mit dem Cointreau beträufeln, das Mohnparfait (siehe Seite 89) in Scheiben oder Ecken schneiden, bzw. die Portionsförmchen so auf den Teller geben, daß ein Teil auf dem Baumkuchen liegt. Danach die lauwarme Orangensauce (Seite 89) angießen und garnieren. Sofort zu Tisch bringen.
<u>Hier meine Getränkeempfehlung:</u> Halbtrockenen gut gekühlten Roséwein, einen Sekt oder für den besonderen Anlaß Champagner.

Orangensauce

200 g Orangenkonfitüre,
Saft von 1 Blutorange,
1/2 EL Abgeriebenes von
1 unbehandelten Orange,
4 cl Grand Manier

Die Orangenkonfitüre, den Orangensaft, die abgeriebene Orangenschale und den Grand Manier in einem Topf zum Kochen bringen, dann beiseite stellen und lauwarm halten.

Mohnparfait

2 Eigelb, 1 Ei,
2 EL Zucker,
4 cl feiner Weinbrand,
50 g gemahlener,
gebrühter Mohn,
1 EL feingehacktes Orangeat,
1 EL gehackte süße Mandeln,
1 EL eingeweichte Sultaninen,
250 ml Schlagsahne

Eigelb, Ei, Zucker und Weinbrand in einem Gefäß im heißen Wasserbad mit einem Schneebesen dickcremig rühren. Vorsichtig, Wasser darf nicht kochen! Dann die Masse kalt rühren, jetzt den Mohn, Orangeat, Mandeln und Sultaninen unterheben, alles gut mischen. Zum Schluß die geschlagene Sahne unterziehen und in Portionsförmchen bzw. Königskuchenformen füllen.
In den Tiefkühlschrank stellen und bei -18° C ca. 2 Stunden gefrieren lassen.
Das Mohnparfait kann bereits 1-2 Tage zuvor bereitet werden.

Eberswalder Spritzkuchen

Regionen streiten sich, wer sie nun wirklich erfunden hat. Von Sachsen-Anhalt bis Eberswalde – alle erheben den Anspruch – aber die Überlieferungen geben nichts mehr eindeutig her.

$^1/_4$ l Vollmilch,
80 g Butter,
2 EL Zucker,
1 EL Vanillezucker,
250 g Mehl,
6 Eier,
1 Prise Salz,
500 g Butterschmalz,
200 g Puderzucker,
2-3 EL Zitronensaft

Milch, Butter, Zucker und Vanillezucker zum Kochen bringen, das gesiebte Mehl bei kleiner Flamme unterrühren und solange bewegen, bis sich die Masse vom Topfboden löst und einen Kloß bildet (sogenannte Brandmasse). Etwas abkühlen und jetzt nach und nach die Eier unter den Teig rühren, nach Bedarf salzen. Den fertigen Brandteig in einen Spritzsack füllen und auf gefettetem Pergamentpapierstücken kleine Kringel spritzen (8-10 cm Durchmesser, Kringel müssen innen hohl sein).
Zwischenzeitlich Butterschmalz auf ca. 160-170 °C erhitzen, die Pergamentpapierstücke in das heiße Butterschmalz tauchen und die Kringel abstreifen, von jeder Seite ca. 3-4 Minuten backen. Herausnehmen, auf einem Ablaufgitter gut abtropfen lassen.
Puderzucker und Zitronensaft gut verrühren, eventuell 1-2 EL Wasser zugeben. Die fertigen Spritzkuchen mit dieser Zitronenglasur bestreichen oder auch nur mit Puderzucker bestreuen.
Und dazu einen guten „Topp" Kaffee trinken – schön heiß und dunkel.

Rotwein-Sauerkirsch-Gelee mit Vanillesauce und Früchten

1 Flasche trockener Rotwein,
1/2 Zimtstange,
2 Nelken,
150 g Zucker,
6-7 Blatt rote Gelatine,
1 kleines Glas entsteinte Schattenmorellen,
3 Eigelb,
2 EL Vanillezucker,
1/4 l Vollmilch,
2-3 frische Pfirsiche aus dem Brandenburger Land oder 1/2 kg Erdbeeren aus Werder,
pro Portion 1/2 Kiwi und 1 Physalis,
Puderzucker

Den Rotwein mit der Zimtstange, den Nelken und dem Zucker zum Kochen bringen. Die Gelatine in kaltem Wasser einweichen, ausdrücken und in dem heißen Fond auflösen, passieren. Förmchen 1/3 mit diesem Gelee füllen, kühl stellen und erstarren lassen. Jetzt die abgetropften Schattenmorellen einlegen, mit Gelee angießen, erstarren lassen, diesen Vorgang solange wiederholen bis die Förmchen voll sind. Ca. 1-2 Stunden im Kühlschrank kalt stellen. Die 3 Eigelb mit dem Vanillezucker dickcremig im Wasserbad rühren, zwischenzeitlich die Milch zum Kochen bringen, nach Belieben 1/2 TL Vanillemark mitkochen, Milch passieren und vorsichtig auf die Eigelbmasse gießen, nochmals im Wasserbad heiß rühren, wegstellen. Die Früchte putzen, waschen und in Segmente schneiden. Die Früchte auf einen großen flachen Teller anrichten. Jetzt die Vanillesauce angießen. Die Förmchen kurz in heißes Wasser halten, stürzen und auf der Vanillesauce anrichten.

Mit den frischen Früchten garnieren und mit Puderzucker bestreuen.

Kleiner Sprachführer für alle Neu-Berliner und Zugereiste

Bredullje: *Schwierigkeit, Verlegenheit (aus dem französischen Bredouille)*

Buddike: *verächtlich für eine einfache Kneipe oder Gasthaus, auch Bierlokal, aus dem französischen Boutique*

Bulette: *gebratener runder Kloß überwiegend aus Hackfleisch, aus dem französischen Boulette (heißt: in Bayern – Fleischpflanzerl, in Schwaben – Fleischküchle, in Norddeutschland – Frikadelle)*

Daffke: *etwas aus „daffke" machen – heißt soviel wie: etwas zum Trotz machen, aus dem Jiddischen davko, bedeutet: gewiß, sicher, durchaus*

Emchen: *ist 1 Mark, 2 Emchen sind 2 Mark, viele Emchen sind Moos (jiddisch Moo) = Pfennige oder Penunse = Polnisch – pieniadse*

Fatzke: *arroganter überheblicher Wichtigtuer*

Göre: *Jöre – ursprünglich norddeutsch, so wurde eine Fohlenstute bezeichnet. Wir Berliner bezeichnen damit quirlige und vorlaute Kinder.*

Knorke: *Seit den 20er Jahren Ausdruck höchster Anerkennung. Knorke ist dreimal so gut, wie dufte oder schnaffke, manchmal auch für ein „Original" Berlins vergeben*

Koof mich: *scherzhaft für einen Kaufmann aus dem alten Berlin, auch für den Besitzer des „Tante Emma"-Ladens, der ständig anschreiben ließ.*

Molle: *ein frisch gezapftes Glas Bier, von klein bis sehr groß möglich. Früher war es ein hölzernes Transportgefäß. Übrigens: ein „Mollenfriedhof" ist ein Bierbauch.*

Mischpooke: *ein Begriff für die nicht immer so liebe Verwandtschaft oder auch für ungeliebte Gesellschaften. Jiddisch – Meschpoche: hier nettes Wort für Verwandtschaft. Bei Verwendung dieses Wortes ist große Sensibilität angesagt.*

Schrippe: *kommt vom Schripfen (mit einem Messer ritzen), heute ein normales Brötchen.*
„Olle Schrippe" sollte man nie sagen – gemeint ist damit eine nicht mehr ganz junge Frau

Stampe: *billiges Tanzlokal oder Eckkneipe, französisch: Estaminent*

Schusterjunge: Schwarzbrotsemmel

Tacheles: *aus dem Jiddischen (Klartext, die Wahrheit deutlich sagen), die Tatsachen sagen*

Wonneproppen: *dralles, junges Mädchen, auch ein nicht schlanken Baby wird so bezeichnet*

Rezeptverzeichnis